FRANKFURTER BIBLIOTHEKSSCHRIFTEN Band 20 · 2020

FRANK FÜRBETH

dieser Stadt Franckfurt legiren wir unsere Bibliotec

Johann Hartmann Beyer und seine Bücherstiftung aus dem Jahr 1624

KLOSTERMANN · FRANKFURT AM MAIN

Bibliographische Information der Deutschen Nationalbibliothek
Die Deutsche Nationalbibliothek verzeichnet diese Publikation in der Deutschen Nationalbibliographie; detaillierte bibliographische Daten sind im Internet über *http://dnb.dnb.de* abrufbar.

Frankfurter Bibliotheksschriften Band 20
Herausgegeben von den Freunden der Universitätsbibliothek Frankfurt am Main e. V.

Druck und Bindung: docupoint GmbH, Barleben
ISBN 978-3-465-01894-0
ISSN 1612-7714

Inhalt

Vorwort

Als im Jahr 1624 der Frankfurter Arzt Johann Hartmann Beyer seine Bibliothek im Umfang von 2.500 Drucken der Stadt Frankfurt vermachte, wuchs damit der Bestand der ersten öffentlichen Bibliothek im ehemaligen Barfüßerkloster schlagartig um mehr als ein Drittel. Die Büchersammlung Beyers als die größte private Frankfurter Bibliothek des beginnenden 17. Jahrhunderts bildet so mit der Barfüßerbibliothek den historischen Kern der späteren Stadtbibliothek wie auch der 1945 daraus hervorgegangen Stadt- und Universitätsbibliothek, der aber in den folgenden Jahrhunderten von den zahlreichen Neuwerbungen und Schenkungen größerer Sammlungen wie durch die Jahresringe eines Baumes erweitert und auch überlagert wurde. Auf diese Weise trat ihr praktischer Nutzwert immer weiter in den Hintergrund, was zur Folge hatte, dass auch ihre historische Bedeutung immer mehr vergessen wurde. Als nun nach dem zweiten Weltkrieg in der einschlägigen Literatur zu lesen war, dass sie in den Bombennächten vollständig verbrannt sei, wurde dem nicht weiter nach gegangen. Erst in jüngster Zeit sind im Zuge der Provenienzverzeichnung im OPAC der Universitätsbibliothek Frankfurt a. M. immer mehr Altbestände aus der Büchersammlung Beyers bekannt geworden, was ich im Rahmen eines kleinen Aufsatzes zum privaten Buchbesitz in Frankfurt in der frühen Neuzeit nutzen konnte. Im Gespräch mit Frau Raschida Mansour von der Handschriftenabteilung der Universitätsbibliothek machte mich diese darauf aufmerksam, dass im Magazin wohl noch mehr Bücher aus Beyers Besitz zu finden seien; auf Anregung des Leiters der Handschriftenabteilung, Herrn Dr. Bernhard Tönnies, und mit wohlwollender Billigung der Leitung der Universitätsbibliothek reifte daraufhin der Plan, den Altbestand systematisch zu sichten und gleichzeitig das Inventar, das Beyer 1624 seiner Sammlung beigegeben hatte, in einer wissenschaftlichen Ausgabe mit

Kommentar zu edieren. Mittlerweile sind 161 Bände mit insgesamt 305 Drucken aus Beyers Besitz gefunden, wobei die begründete Hoffnung besteht, dass diese Zahl noch vergrößert werden kann.

Das vorliegende Buch soll eine Art Zwischenbilanz geben und gleichzeitig die Bibliothek Beyers, die zu einem nicht geringen Teil die Sammlung seines Vaters Hartmann Beyer, der Mitte des 16. Jahrhunderts ein streitbarer Verfechter des lutherischen Glaubens in Frankfurt war, in sich aufgenommen hatte, einem größeren Publikum bekannt machen. Für die Aufnahme des Buches in die Reihe der ‚Frankfurter Bibliotheksschriften' und für die Betreuung der Drucklegung habe ich den Freunden der Universitätsbibliothek sowie Frau Anastasia Urban vom Klostermann-Verlag herzlich zu danken. Ebenso gilt mein besonderer Dank der Direktion der Universitätsbibliothek und Herrn Dr. Tönnies für ihr Wohlwollen gegenüber dem Projekt und für die Möglichkeit, dass Frau Johanna Schirra die Bestände sichten durfte, der ich ebenfalls für ihre Hilfe danke. Ganz besonders herzlich danken möchte ich Frau Mansour, die mich nicht nur auf die noch schlummernden Bestände aufmerksam machte, sondern überhaupt erst die Idee zu diesem Projekt weckte und immer wieder in den seit langen Jahren unberührten Altbeständen Jagd auf Beyers Bücher machte und mir auch sonst in allen Fragen hilfreich zur Seite stand. Gewidmet werden soll das Buch dem Andenken von Gerhardt Powitz.

Einleitung

Am 13. Dezember 1624 unterschrieben die beiden kinderlos gebliebenen Eheleute Johann Hartmann Beyer († 1625) und Ursula, geborene Botzheim († 1640), unter der Zeugenschaft von drei Ratsherren ihr gemeinsames Testament (Abb. 1).[1]

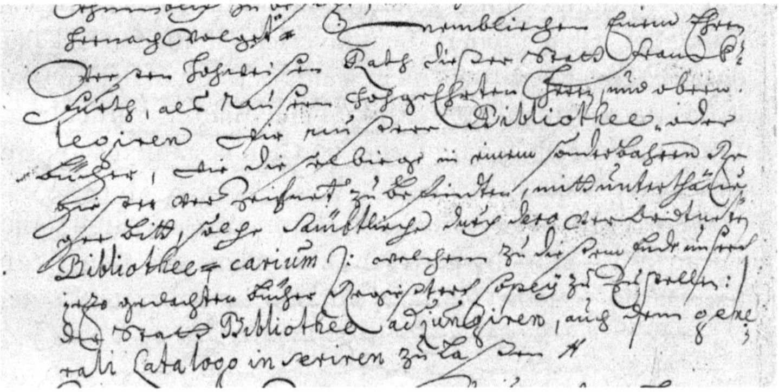

Abb. 1 Testament der Eheleute Beyer, Frankfurt, ISG, S4c-405, S. 6, zur Bibliotheksstiftung

In insgesamt 35 Paragraphen legten sie dabei auf das Genaueste fest, welche Personen und Institutionen mit einem Teil ihres Besitzes bedacht werden sollten („Lieffergut"), und wie der Ertrag der verbleibenden Güter und Gelder zu verwenden

[1] Das Testament befindet sich heute in Fotokopie im Institut für Stadtgeschichte der Stadt Frankfurt am Main (Sondersammlung Einzelstücke, Signatur S4c–405, unter dem Titel: Gesamt-Testament vnd Lezter Will, / Johann Harttmann Beyers und Ursulae, beyder Eheleu- / ten Anno 1624ten Jahrs / Doctor Beyrs Seel, Testament / und Stifftungen). Ich danke Herrn Dr. Michael Matthäus, ISG, für die Überlassung der Abbildungen und für die Abdruckerlaubnis. Das Testament ist abgedruckt bei Achilles August von Lersner, Nachgehohlte, vermehrte, und continuierte Chronica der Weitberühmten freyen Reichs-, Wahl- und Handels-Stadt Frankfurth am Mayn. Zweyter Theil. Frankfurt a. M. 1734, erstes Buch, S. 105–115. Die Zitate im Folgenden nach dem Abdruck bei Lersner.

war („nießbräulich Zinßgut“).[2] Als persönliche Erben wurden fünf Mitglieder der Familie ausgewählt, und zwar so, dass alle „fünff unterschiedliche Haupt=Stämme“ berücksichtigt werden sollten;[3] unter dem an diese vererbten Besitz befand sich unter anderem ein Baumgarten zu Sachsenhausen am Oberröder Weg[4] „obig des Teutschen=Ordens Mühl gelegen“.[5] Die Zinsgüter bestanden aus einem Haus in der Eschenheimer Gasse, „zur Gottes Genad genant“,[6] sowie aus einer Reihe von Gültbriefen, Obligationen, Schuldverschreibungen und dergleichen.[7] Beyer besaß noch ein weiteres Haus an der Zeil[8] sowie das Haus ‚Zum alten Martin‘;[9] beide Häuser wurden zwar im Testament nicht genannt, aber von den Testamentsvollstreckern später verkauft.[10]

Der Wert des Besitzes von Johann Hartmann Beyer und seiner Ehefrau muss immens gewesen sein; allein das Haus ‚Zum alten Martin‘ erzielte bei dem Verkauf im Jahr 1648 einen

[2] Lersner II, 1 (1734), S. 106.
[3] Lersner II, 1 (1734), S. 108. Vgl. a. Kiefer (1910).
[4] Lersner II, 1 (1734), S. 106.
[5] Lersner II, 1 (1734), S. 107.
[6] Lersner II, 1 (1734), S. 106.
[7] Lersner II, 1 (1734), S. 107.
[8] Frankfurt a. M., Institut für Stadtgeschichte, Hausurkunden, H.19.01, Sign. 194: Am 23.12.1653 veranlasst der Prokurator Johann Henrich Fuhrlohn als Bevollmächtigter der Testamentvollstrecker des Stadtphysicus Dr. med. Johann Hartmann Beyer („Bayer“) das Frankfurter Gericht, dass das Haus zum neuen Hof auf der Zeil zum Verkauf angeboten wird. Das Haus liegt zwischen Dr. jur. Peter Rulands Erben und Hans Linde und stößt hinten auf die neue Eschenheimer Gasse. Es gibt jährlich 5 Gulden 16 Schilling an das Leonhardsstift und gehört den Erben des Ratsherrn Johann Porßer.
[9] Frankfurt a. M., Institut für Stadtgeschichte, Hausurkunden, H.19.01, Sign. 949, Nr. 2: Kaufvertrag vom 12.3.1648. Die von der Gesellschaft Frauenstein eingesetzten Kuratoren über das Erbe des Dr. med. Beyer verkaufen an den Handelsmann Johann du Fay das ihnen gerichtlich zugesprochene Haus Zum Alten Martin. Das Haus liegt zwischen dem Haus zum Rüstenberg und dem Haus Spanheimer der Fichardischen Erben. Hinten stößt es auf [du Fays] Haus zum Fraaß. Der Kaufpreis beträgt 1.800 Gulden.
[10] Vgl. Anm. 9.

Erlös von 1.800 Gulden.[11] Noch deutlicher wird dies, wenn man die Kapitalsummen der einzelnen Stiftungen zusammen zählt: der Almosenkasten der Stadt Frankfurt wird mit 500 Gulden ausgestattet, ein Pensionstopf für alle Pfarrer der Stadt und ihre Witwen erhält 2.000 Gulden, ebenso ein Stipendium für einen Medizinstudenten,[12] und ein noch zu gründendes Waisenhaus 1.000 Gulden.[13] Nur die Zinsen sollen ausgezahlt und das Kapital ungeschmälert bleiben, wobei Beyer offensichtlich von einem gleichbleibenden Zinssatz von fünf Prozent ausgeht.[14] Zu diesen im einzelnen aufgeführten Summen kommen noch die in ihrem Wert nicht bezifferten Schenkungen an die Familienmitglieder, so dass allein damit von einer Gesamtsumme von über 7.000 Gulden auszugehen ist; Beyer selbst nennt ein Stiftungskapital von 42.000 Gulden.[15]

Johannes Hartmann Beyer gehörte damit zu der vermögenden Oberschicht der Stadt Frankfurt,[16] was sich nicht zuletzt auch in dem Wohnhaus an der Zeil zeigt, wo seit 1541 im Zuge der Ausbreitung der Stadt zahlreiche Patrizier und reiche Bürger ihre repräsentativen Gebäude errichteten (Abb. 2).[17]

[11] Vgl. Anm. 9.

[12] Lersner, II, 1 (1734), S. 109–111, §§ 21–24.

[13] Lersner, II, 1 (1734), S. 109–111, § 20 (Almosenkasten), 25 (Pension für Pfarrer und ihre Witwen), 29 (Waisenhaus).

[14] Dies ist aus den jeweils ausgesetzten jährlichen Zahlungen zu entnehmen. So soll der Stipendiat etwa 100 Gulden pro Jahr erhalten, die aus dem gestifteten Kapital von 2.000 Gulden zu erwirtschaften sind. Lersner (Anm. 1), S. 109.

[15] Lersner, II, 1 (1734), S. 112.

[16] Vgl. dazu Alexander Dietz, Frankfurter Handelsgeschichte. Bd. 1. Frankfurt a. M. 1910, S. 151. 1556 gab es nach der Liste der Frankfurter Steuerzahler nur vier Steuerzahler mit einem Vermögen über 30.000 Gulden.

[17] Vgl. dazu Anne Christin Scheiblauer, Frankfurt am Main. Die historische Altstadt. Petersberg 2018, S. 149.

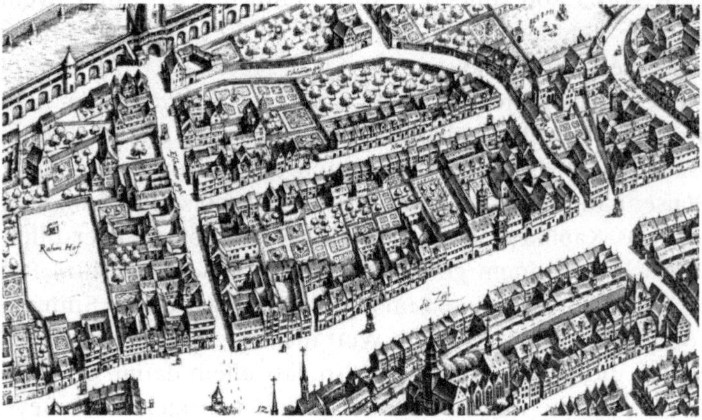

Abb. 2 Die Zeil im Merianplan von 1628

Damit hatte Beyer in der dritten Generation den höchstmöglichen sozialen Aufstieg geschafft. War sein Großvater Wilhelm Beyer noch Anfang des 16. Jahrhunderts als Tuchweber aus Büdingen nach Frankfurt gezogen, wo er das Bürgerrecht erwarb,[18] so hatte dessen 1516 in Frankfurt geborener Sohn, Hartmann Beyer, nach einem elfjährigen Studium der Theologie in Wittenberg bei Martin Luther und Philipp Melanchthon, das von dem Rat der Stadt Frankfurt mit einem Stipendium gefördert worden war, 1545 eine der beiden freien Prädikantenstellen in Frankfurt erhalten. Auch Johann Hartmann Beyer, welcher der dritten Ehe Hartmann Beyers entstammte und 1563 geboren worden war, sollte Theologie in Straßburg studieren und wurde dazu ebenfalls mit einem Stipendium der Stadt ausgestattet; er wechselte aber zu dem Studium der Medizin nach Tübingen. 1588 kehrte er nach Frankfurt zurück, wo er dann ein Jahr später, am 15. März

[18] Vgl. zu den biographischen Daten das dritte Kapitel.

1589, in das Amt des Stadtphysikus berufen wurde; als Besoldung sollte er jährlich 60 Gulden erhalten (Abb. 3).[19]

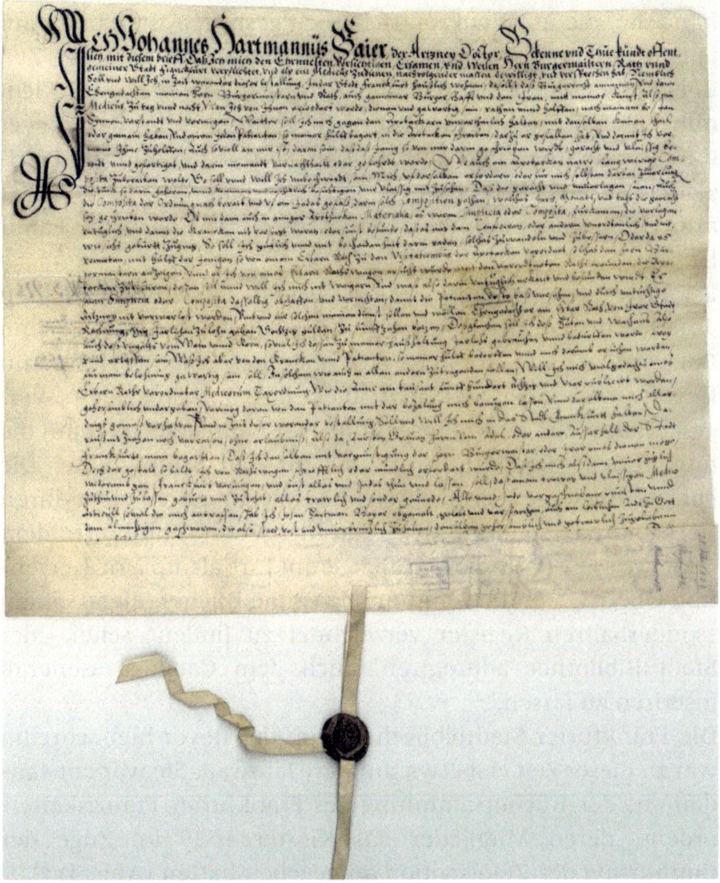
Ich Johannes Hartmannus Baier der Artzney Doctor, Bekenne und Thue kundt offent-

Abb. 3 Dienstbrief für J. H. Beyer, Frankfurt, ISG, Dienstbriefe 977

[19] Der Anstellungsvertrag ist erhalten; Frankfurt a. M., Institut für Stadtgeschichte, Dienstbriefe, H.02.26, Sign. 977: D. Ioannis Hartmanus Bairs Medici Bestallung Iuravit In der Cantzley Mitwochens den 12 Martii etc. 1589.

Mit diesem Gehalt allein hat Beyer sicherlich nicht sein großes Vermögen aufbauen können; abgesehen davon, dass es sich um die Besoldung eines 26 Jahre alten Berufsanfängers handelte, die im Weiteren sicherlich gestiegen ist, kamen auf jeden Fall noch die Honorare für die auch zu dieser Zeit üblichen Behandlungen reicher Privatpatienten hinzu.[20] Nicht ohne Bedeutung dürfte aber auch gewesen sein, dass Beyer durch seine Eheschließung mit Ursula Botzheim in das Patriziat Frankfurts eingeheiratet hatte; mit dieser Ehe hatte Beyer also Verbindungen in die angesehensten und reichsten Familien der Stadt.

Die erste Stelle in dem von den beiden Eheleuten erstellten Testament nahmen nun allerdings nicht Hausbesitz und Barvermögen ein, sondern die Bibliothek Johann Hartmann Beyers. Dies mag vielleicht auch ihrem finanziellen Wert geschuldet sein, deutet insgesamt aber wohl doch eher auf die immaterielle Bedeutung, die sie für den Stifter hatte. Die beiden Eheleute vermachten die Bücher auch nicht ihren Verwandten, sondern dem Rat der Stadt Frankfurt: dem „Hochweisen Rath dieser Stadt Frankfurt als unsern Herren/ und Obern",[21] und bestimmten, dass die Bücher, die in einem „sonderbahren Register verzeichnet zu finden" seien, „der Stadt=Bibliothec adjungiren, auch dem Catalogo Generali inseriren zu lassen."[22]

Die Frankfurter Stadtbibliothek, von der Beyer hier schreibt, war zu dieser Zeit erst etwa hundert Jahre alt. Sie war entstanden aus der Büchersammlung des Frankfurter Franziskanerordens, deren Mitglieder das Kloster 1529 im Zuge der Einführung der Reformation aufgegeben hatten (Abb. 4).[23]

[20] Vgl. dazu Stricker (1847), Kallmorgen (1936).
[21] Lersner, II, 1 (1734), S. 107.
[22] Lersner, II, 1 (1734), S. 107.
[23] Vgl. Powitz (1984), S. 29–31. Die Klostergebäude wurden 1786 für den Bau der Paulskirche abgerissen. Ebrard (1896), S. 31

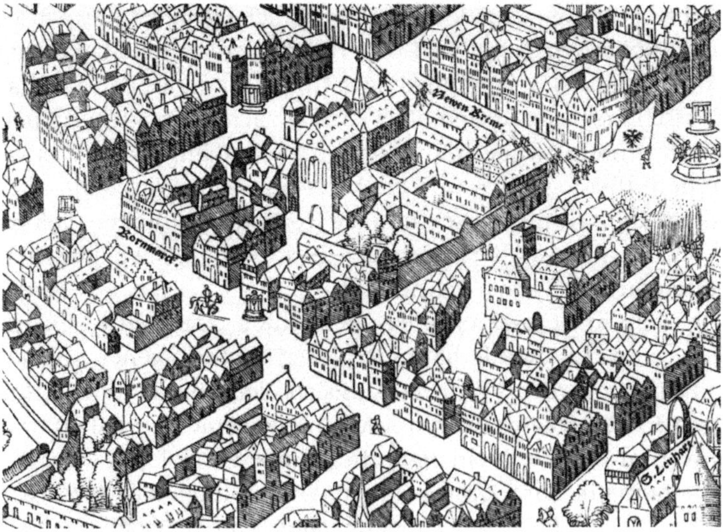

Abb. 4 Barfüßerkirche mit Klostergebäuden aus dem Belagerungsplan des C. Faber von 1552

Die Stadt richtete in den Klostergebäuden mit den zurückgelassenen Büchern eine öffentliche Bibliothek ein, die jedermann zugänglich sein sollte und die nach ihrem Ort weiterhin allgemein Barfüßerbibliothek genannt wurde. Die Betreuung der Bibliothek wurde von den Vorstehern des ebenfalls im ehemaligen Barfüßerkloster eingerichteten Almostenkasten mit übernommen. Ein erster Katalog wurde 1562 von Johannes Pauli erstellt,[24] in dem insgesamt 137 Werke in alphabetischer Ordnung aufgeführt wurden.[25] Schon dreißig Jahre später, im Jahr 1592, fertigte der evangelische Prediger Daniel

[24] Vgl. Powitz (1984), S. 34–36; Powitz (1997), S. 35–37 (beide mit Abb. des Bibliothekskatalogs).

[25] Powitz (1997), S. 37. Johannes Pauli, Index bibliothecae ab inclyto Senatu Civitatis Francofurtensis ad Moenum institutae. Handschrift vom Jahr 1562. Frankfurt a. M., UB, Biblioth. Ff. Stadtbibl. 40. Powitz (1984), S. 54, Anm. 27. Das Inventar ist ediert von Heinrich von Nathusius-Neinstedt, Die beiden ältesten Kataloge der Stadtbibliothek. In: Ebrard (1896), S. 137–153, hier S. 144–153.

Schadaeus aufgrund des zwischenzeitlich erfolgten Zuwachses der Bibliothek auf etwa 1.500 Bände[26] einen neuen Katalog an,[27] der die Bücher einmal nach ihrem Standort, dann alphabetisch und zum dritten noch einmal nach neun Sachgruppen verzeichnete, wobei die ersten fünf Abteilungen die biblischen, theologischen und die katechetischen Werke, die theologischen Kontroversen und die Homilien enthielten, gefolgt von der Philosophie sowie den historischen, medizinischen und den juristischen Schriften.[28]

Bei dem in Beyers Testament genannten „Catalogus Generalis", dem das „sonderbahre Register" seiner eigenen Bücher „inserirt" werden sollte, muss es sich wohl um diesen Katalog von 1592 mit seinen neun Abteilungen gehandelt haben. Das Inventar Beyers, das in die sechs Gruppen Theologie, Medizin, Mathematik, Jura, Grammatik und Poesie aufgeteilt ist,[29] hätte also gut in den Sachgruppenkatalog von Schadaeus abteilungsweise eingebunden, nach den Worten Beyers: „inserirt", werden können, wozu es aber allem Anschein nicht gekommen ist. Das Inventar selbst allerdings ist glücklicherweise erhalten, so dass man heute noch erkennen kann, dass es bei der Aufnahme der Bestände in die Stadtbibliothek von dem Verwalter der Barfüßerbibliothek sorgfältig durchgegangen, mit den noch vorhandenen Büchern Beyers verglichen und mit entsprechenden Notizen versehen worden ist.[30]

Dieser Bearbeiter wird Daniel Lommer, Lehrer am städtischen Gymnasium, gewesen sein, der sich 1640 zum Zwecke der Gehaltsaufbesserung beim Rat um eine Anstellung beworben hatte, um ‚die hiesige ansehnliche Bibliothec' „in gewisse Registratur und richtige Ordnung" zu bringen. Diesem Gesuch

[26] Powitz (1984), S. 39.

[27] Daniel Schadaeus, Indices aliquot librorum Bibliothecae huius Francofurtensis. 2 Bde. Handschrift vom Jahr 1592. Frankfurt a. M., UB, Biblioth. Ff. Stadtbibl. 28. Powitz (1984), S. 54, Anm. 35.

[28] Ebrard (1896), S. 6.

[29] Vgl. dazu das folgende Kapitel.

[30] Vgl. dazu das folgende Kapitel.

wurde am 11. Juni 1640 entsprochen und Lommer mit der Neuordnung beauftragt.[31] Da vier Monate vorher, nach dem Tod der Witwe Beyers am 25. Februar 1640, die Bibliothek Beyers, also fünfzehn Jahre nach dessen Tod, nun der Stadt Frankfurt zusammen mit Beyers sonstigem schriftlichen Nachlass[32] übergeben worden war, ist dies wohl als unmittelbarer Anlass für die neue Ordnung mit neuer Registratur zu verstehen; Lommer jedenfalls ging das Inventar Beyers akribisch durch, markierte die mittlerweile fehlenden Bände und notierte auch die wenigen Fälle, in denen sich die Werke in gleicher Ausgabe schon in der Bibliothek befanden. Innerhalb eines Jahres stellte Lommer den neuen Katalog her,[33] bei dem er allerdings weiter der Ordnung von Schadaeus folgte;[34] dieses neue Verzeichnis umfasste nun schätzungsweise 4.600 Bände.[35] Die Stiftung Beyers, „insgesamt etwa 2.600 Titel umfassend", vergrößerte also die Zahl der 1640 in der Stadtbibliothek vorhandenen Bücher um mehr als ein Drittel.

Damit kann die Schenkung Beyers im Jahr 1624 also zum alten Kernbestand der Stadtbibliothek gerechnet werden. In den folgenden Jahrhunderten ist sie allerdings weitgehend in Vergessenheit geraten, was sicherlich auch dadurch bedingt ist, dass sie von weit größeren Schenkungen und Erwerbungen in den Schatten gestellt worden ist; zu nennen ist hier etwa die Büchersammlung des 1649 verstorbenen Patriziers Johann Maximilian zum Jungen, die 1690 vom Rat der Stadt Frankfurt angekauft wurde und deren 1682 gedruckter Katalog 7.000 Titel, also mehr als das Doppelte der Bibliothek

[31] Ebrard (1896), S. 8f. (mit Abdruck des Gesuchs).

[32] Vgl. dazu Powitz (1984), S. 43. Der Nachlass wird in der UB Frankfurt a. M. unter der Signatur Ms. Ff. J. H. Beyer aufbewahrt und umfasst sieben Kapseln und vier Bände. Der Bestand ist auf Karteikarten verzeichnet; ein Teil ist auch über kalliope (https://kalliope-verbund.info) recherchierbar.

[33] Powitz (1984), S. 44.

[34] Ebrard (1896), S. 9.

[35] Powitz (1984), S. 44.

Beyers, verzeichnete.[36] Dazu kam, dass die Stadtbibliothek im Zweiten Weltkrieg bei der Zerstörung des Bibliotheksgebäudes im Winter 1943/44 erhebliche Verluste erlitt; über die Hälfte des Bestandes soll vernichtet worden sein,[37] wobei nach Auskunft des ‚Handbuchs der historischen Buchbestände' aus dem 16. Jahrhundert heute noch 337 Titel in der alten systematischen Aufstellung,[38] 981 Drucke im Allgemeinen Numerus currens[39] und 35 Drucke im unkatalogisierten Altbestand[40] enthalten sein sollen. In der Folge eines Artikels von Carl Lorey zu Johann Hartmann Beyer in der ‚Neuen Deutschen Biographie' von 1955, in dem Lorey schrieb, dass „die Bibliothek [Beyers] [ein] Opfer der Bomben geworden" sei,[41] ging man allerdings davon aus, dass auch die Bücher Beyers zu den Kriegsverlusten zu zählen sind, wie es noch in der neuesten Forschungsliteratur zu lesen ist.[42] Lorey hatte jedoch nicht berücksichtigt, dass wichtige Bestände der Stadtbibliothek, wie etwa die Handschriften, die Inkunabeln, die Sammlung der Ständigen Ausstellung der Vitrinen in der Eingangshalle und die Sonderaufstellung Einbandsammlung rechtzeitig ausgelagert worden sind, so dass etwa allein in der Einbandsammlung 200 Drucke des 16. Jahrhunderts überlebt haben;[43] in allen vier Sammlungen befinden sich auch heute noch Bücher aus Beyers Besitz.

Daneben hat die allgemeine Provenienzerfassung wie auch eine neuerliche intensive Recherche nach Beyerschem Buchbesitz in der Nachfolgeinstitution der Frankfurter Stadtbibliothek, der heutigen Universitätsbibliothek, ergeben, dass außer

[36] Wenzel (1984), S. 61.
[37] Fabian, Handbuch (1992), 2.43.
[38] Fabian, Handbuch (1992), 2.44.
[39] Fabian, Handbuch (1992), 2.65.
[40] Fabian, Handbuch (1992), 2.90.
[41] Lorey (1955), S. 204.
[42] Zitter (2002), S. 286, die Bibliothek sei „fast gänzlich im 2. Weltkrieg zerstört worden".
[43] Fabian, Handbuch (1992), 2.111 u. 2.116f.

den Handschriften insgesamt noch 161 Bände mit insgesamt 305 Drucken vorhanden sind.[44] Da im Inventar rund 1.100 Bände mit etwa 2.500 Titeln verzeichnet sind,[45] entspricht dies etwas mehr als einem Zehntel der ursprünglichen Bücherstiftung. Dies ist nicht nur für die Bibliotheksgeschichte, sondern auch für die Geistes- und Sozialgeschichte des ausgehenden 16. und beginnenden 17. Jahrhunderts ein äußerst glücklicher Fall, erlauben das Inventar Beyers und der erhaltene Bestand doch nicht allein die Rekonstruktion des wissenschaftlichen Interesses seines Besitzers, sondern sie zeigen auch den chronologischen Verlauf seines Bucherwerbes mit immer wieder neuen Änderungen seines Sammelinteresses. Darüber hinaus wird deutlich, bei welchen Druckern und in welchen Städten Beyer seine Bücher gekauft hat, wie also zu seiner Zeit die Erwerbswege und -möglichkeiten waren; es kann weiterhin erschlossen werden, welche finanziellen Mittel Beyer über die Jahre für seine Bibliothek zur Verfügung standen und ob er sich fallweise auch für besonders wertvolle Bücher interessiert hat oder ob es ihm einzig um den aktuellen Stand der Wissenschaft ging.

In den folgenden Kapiteln soll eine erste Übersicht über den gegenwärtigen Stand der Erforschung von Beyers Buchbesitz gegeben werden. Dabei kann gezeigt werden, dass die Stiftung im Kern selbst aus der Bibliothek von Beyers Vater, dem Frankfurter Prädikanten Hartmann Beyer, hervorgegangen ist. War dessen Sammlung vor allem geprägt durch sein reformatorisches Interesse, so ist die Bibliothek von Johann Hartmann Beyer wie zu erwarten zuallererst eine Arbeitsbibliothek des praktizierenden Arztes, der alle Neuerscheinungen zu

[44] Vgl. dazu das fünfte Kapitel. Vor einem Jahrzehnt hat erstmals Bernhard Wirth die Sammlung Frankfurter Drucke der UB Frankfurt a. M. hinsichtlich der in Frankfurt gedruckten Bücher des 16. Jahrhunderts gesichtet und dabei 51 Bände aus Beyers Vorbesitz gefunden, die er allerdings nicht im Einzelnen aufführt. Wirth (2010), S. 84. Zu den Handschriften und Inkunabeln Beyers vgl. Fürbeth (2010), S. 80, Nr. 65.

[45] Vgl. dazu das folgende Kapitel.

den einzelnen Krankheiten besaß, die ihm in seiner Praxis begegnen konnten. Darüber hinaus verband Vater und Sohn aber das Interesse an Mathematik und Astronomie, wobei der Vater sich eher für das Letztere, der Sohn eher für die Mathematik, und hier besonders für die praktische Geometrie interessierte, zu der Johann Hartmann Beyer im 17. Jahrhundert selbst einige Schriften veröffentlichte. All das ist aus dem Inventar zu erschließen; die heute noch erhaltenen Bände aus dem Besitz von Hartmann und Johann Hartmann Beyer sind dagegen vor allem deshalb von Interesse, weil aus den jeweiligen Provenienzen ein anschauliches Bild von den humanistischen und beruflichen Netzwerken gezeichnet werden kann, an denen Vater und Sohn teilhatten. Zum Schluss des Buches soll dann noch auf das Nachleben Beyers eingegangen werden, der heute weniger wegen der genannten wissenschaftlichen Werke präsent ist, sondern wegen der in seinem Testament bestimmten Stiftungen für soziale Zwecke, die auch im heutigen Frankfurt noch im Sinne der beiden Eheleute wirken.

Das Inventar

Das Inventar befindet sich heute unter der Signatur Biblioth. Ff. Stadtbibl. 560 in der Frankfurter Universitätsbibliothek und ist wohl, wie es Beyer in seinem Testament bestimmt hatte, zusammen mit der Büchersammlung in die damalige Stadtbibliothek gekommen.[1] Ob es sich dabei allerdings tatsächlich um die von ihm angekündigte *Bücher=Register=Copey* des *sonderbahren Registers* handelt, ist fraglich; die Form einiger Nachträge spricht eher dagegen.[2] Ein Vergleich mit der Schrift Johann Hartmann Beyers führt zu keinem eindeutigen Ergebnis; die Tatsache allerdings, dass die Titelaufnahme, die den jeweiligen Werktitel oft nicht wörtlich, sondern dem Sinn nach wiedergibt, doch eine gewisse Menge an Fachwissen erfordert, läßt es als wahrscheinlich erscheinen, dass dieser selbst das Inventar zumindest angelegt hat. Das Inventar ist in eine Papierhandschrift im Quartformat eingetragen, deren Seiten mit Tinte von 1 bis 222 durchgezählt sind; das erste Blatt ist ursprünglich ungezählt und in neuerer Zeit mit Bleistift mit römischen Ziffern paginiert worden. Die Handschrift besteht aus sieben Lagen zu jeweils acht Doppelblättern, insgesamt also 112 Blättern. Sie ist in ein an den Rändern umgeschlagenes Pergamentblatt aus einer liturgischen Handschrift[3] eingeheftet (Abb. 1); bei der Eintragung des Inventars war die Handschrift allerdings noch nicht gebunden, wie einige Reklamanten zeigen.[4] Die Reklamanten sind allerdings nicht am jeweiligen Lagenende eingetragen, was darauf schließen läßt, dass bei der Eintragung des Inventars auch die einzelnen Blätter noch nicht in die Lagen einsortiert waren. Auf der Vorderseite des ersten Blattes (S. I) findet sich der Eintrag *He[rr]n Dr.*

[1] Vgl. oben Einleitung, S. 8.
[2] Vgl. dazu unten S. 28 f.
[3] Inc. *Jn dedicatione ecclesie Jntroitus.*
[4] S. S. 92 unten rechts: *Der VII*, S. 93 oben Textanfang: *Der Siebendt*; S. 104 unten rechts: *Ewaldi*, S. 105 oben Textanfang: *Ewaldi Vogelii*; S. 178 unten rechts: *Wahrnung*, S. 179 oben Textanfang *Wahrnung E. E. Raths*.

Johann Hartmann Beyeri Catalogus librorum, auf der Rückseite dieses Blattes (S. II) ein nachträgliches, aber zeitgenössisches Inhaltsverzeichnis des Inventars mit Seitenangaben (Abb. 2).

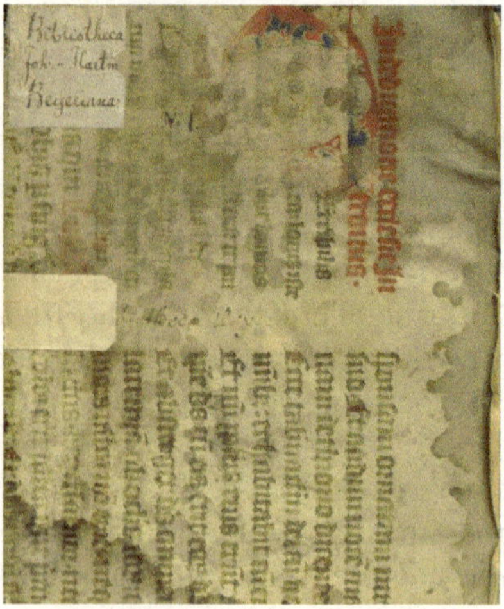

Abb. 1: Umschlag des Inventars

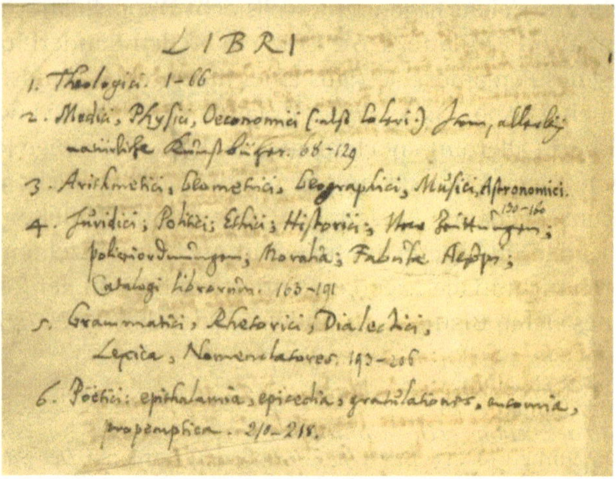

LIBRI

1. Theologici. 1-66
2. Medici, Physici, Oeconomici ([illegible]) Item, allerley nützliche Kunstbücher. 68-129
3. Arithmetici, Geometrici, Geographici, Musici, Astronomici. 130-160
4. Juridici; Politici; Ethici; Historici; Item Zeittungen; Policeyordnungen; Moralia; Fabulae Aesopi; Catalogi librorum. 163-191
5. Grammatici, Rhetorici, Dialectici, Lexica, Nomenclatores. 193-206
6. Poetici: epithalamia, epicedia, gratulationes, encomia, propemptica. 210-218.

Abb. 2: Inhaltsverzeichnis des Inventars (Inventar, S. II)

Die Schrift des Inventars selbst ist sorgfältig und gut lesbar; dem Brauch der Zeit entsprechend verwendet der Schreiber für die Titel von Werken in lateinischer Sprache eine Antiqua-Kursive, für deutschsprachige Werke eine deutsche Kurrentschrift. Die Titel von griechischen und hebräischen Werken, von denen aber nur wenige verzeichnet werden, werden ins Lateinische übersetzt. An einigen Stellen, auf die noch eingegangen werden wird, verändert sich der Schriftduktus und wird gedrängter und flüchtiger; es ist zu vermuten, dass es sich dabei um Nachträge handelt.
Die verzeichneten Bücher sind in sechs Sachgruppen geordnet, die jeweils am Anfang der Gruppe benannt und um Untergruppen erweitert auch im Inhaltsverzeichnis[5] auf S. II erscheinen: 1. *Theologische Bücher* (S. 1–66), 2. *Bücher in der Medicina, vnd Physica* (S. 68–129), 3. *Mathematische Bücher* (S. 130–160), 4. *Juristische, politische, vnd historische bücher* (S. 164–186), 5. *Grammatici, Rhetorici, Dialectici [libri]* (S. 189–206), 6. *Poëtische Bücher* (S. 207–218). Zwischen den einzelnen Sachgruppen und innerhalb von deren Untergruppen sind Seiten, vielleicht für Nachträge, freigelassen worden.[6]
Das hinter dieser Ordnung stehende Vorbild ist unschwer zu erkennen: Es handelt sich dabei um die universitäre Wissensgliederung der vier Fakultäten Theologie, Jura, Medizin und Philosophie, die noch weit bis ins 20. Jahrhundert Bestand

[5] 1. *Theologici. 1–66 2. Medici, Physici, Oeconomici (. also Coleri .*[gemeint ist der Autor Johann Coler, der eine ‚Oeconomia', d. h. ein Hausbuch geschrieben hatte, von dem Beyer einige Exemplare besaß]*) Jtem, allerleÿ natürliche Kunstbücher* [gemeint sind alchemistische Werke] *. 68–129 3. Arithmetici, Geometrici, Geographici, Musici, Astronomici. 130–160 4. Juridici; Politici; Ethici; Historici; Neue Zeittungen; Policeiordnungen; Moralia; Fabulæ Aesopi; Catalogi librorum.163–191 5. Grammatici, Rhetorici, Dialectici, Lexica, Nomenclatores. 193–206 6. Poëtici: epithalamia* [Brautlieder]*, epicedia* [Leichenlieder]*, gratulationes, encomia* [Lobreden]*, propemptica* [Abschiedsgedichte] *210–218.*

[6] S. 11, 38, 67, 83–84, 97, 121–123, 140, 154–155, 161–162, 170, 187–188, 192, 197, 207, 213, 219–222.

hatte und ab dem Spätmittelalter die klösterliche Wissensgliederung mit der Theologie an der Spitze und den Artes liberales als Hilfswissenschaften ablöste.[7] Mit der Rezeption der Studia humanitatis auch an den deutschen Universitäten seit dem späten 15. Jahrhundert wurden diese vier Fakultätsfächer um die spezifischen humanistischen Wissensbereiche der Geschichte, Moralphilosophie und Poesie erweitert, wobei die Humanistica der philosophischen Fakultät zugeordnet wurden.[8] Der Philosophie, die schon im 13. Jahrhundert über die ursprünglichen Artes liberales mit den quadrivialen Künsten der Mathematik, Geometrie, Musik und Astronomie und den trivialen der Grammatik, Rhetorik und Dialektik einen erheblichen Wissenszuwachs erhalten hatte, indem nun auch die vornehmlich aristotelischen Werke zur Ethik, Politik, Physik und Metaphysik gelesen wurden, wurde nun außerdem auch historiographisches und poetologisches Wissen eingegliedert. Deutlich ist dies etwa an der Wissenssystematik von Conrad Gessner († 1549) in seiner ‚Bibliotheca universalis' zu sehen: Unter den von ihm aufgeführten 21 Species des Wissens[9] nehmen (in dieser Reihenfolge) Jurisprudentia, Medicina und Theologia die letzten (und damit höchsten) Ränge ein; alle achtzehn davor genannten Sachgruppen gehören zu der Philosophie und stammen entweder, wie die Grammatica (1), Dialectica (2), Rhetorica (3), Arithmetica (5), Geometria (6), Musica (7), Astronomia (8) und Astrologia (9), dem alten Kanon der Artes liberales oder sind, wie die Poetica (4), Historia (10), Geographia (11), aus den Studia humanitatis oder, wie die Physica (14), Metaphysica (15), Ethica (16), Oeconomica (17) und die Politica (18), aus der aristotelischen Wissensgliederung der Philosophie in *philosophia theorica* und *philosophia practica* im Spätmittelalter hinzu gekommen. Deutlich erkennbar und anschaulich dargestellt ist diese Wisseneinteilung als Aufstellungssystematik mit den Fächern *Theologici*

[7] Vgl. Derolez (1979), Nebbiai-Dalla Guarda (1989), Fürbeth (2008).
[8] Vgl. Worstbrock (1994).
[9] Vgl. dazu Escher (1937).

(in 6 Regalen), *Iurisconsulti* (5 Regale), *Medici* (2 Regale), *Historici* (4 Regale), *Litteratores* (2 Regale), *Philosophi* (2 Regale) und *Mathematici* (ein Regal) in einem Kupferstich aus dem Jahr 1649, der die Universitätsbibliothek Leiden wiedergibt.

Abb. 3: Universität Leiden, Bibliothek, 1610
(n. J. Woudanus. In: Stedeboeck der Nederlanden, Amsterdam 1649)

Das Auffällige an der Sachordnung der Beyerschen Büchersammlung ist nun einerseits die Umstellung und damit die Umwertung der einzelnen Gruppen. Würde üblicherweise auf die Theologie die Jurisprudenz und dann erst die Medizin folgen, ist es hier umgekehrt: Die Medizin nimmt die zweite Stelle ein, was sicherlich dem Beruf Beyers geschuldet ist. Die besondere Liebe Beyers galt der Mathematik, was wiederum dafür verantwortlich sein wird, dass diese Bücher an dritter Stelle folgen; erst danach ordnet er die juristischen Bücher. An letzter Stelle findet sich, in zwei Gruppen unterteilt, damit wieder der üblichen Ordnung folgend, der Kernbestand humanistischen Studiums: Grammatik und Poetik. Dass Beyer diese Gruppe nicht, wie die Medizin und die Mathematik, nach vorne gesetzt hat, lässt vielleicht darauf schließen, dass er diesen Büchern keinen besonderen Wert beigemessen hat; wie zu sehen sein wird, handelt es sich hierbei auch vor allem um das Erbe seines Vaters.

Die zweite Besonderheit der Ordnung des Inventars ist die Verschiebung einzelner Wissensbestände zwischen den Sachgruppen sowie die Erweiterung der Sachgruppen. Gehört die Physik üblicherweise zu der Philosophie, so nimmt Beyer sie unter die Medizin auf; auch die Alchemie erscheint hier. Ähnlich verfährt er mit der Moralphilosophie, der Politik und der Historiographie; diese ordnet er den juristischen Büchern zu. Die Mathematik mit Arithmetik, Geometrie, Musik und Astronomie macht er zu einer eigenständigen Sachgruppe. Insgesamt scheint die Ordnung des Inventars so zwar auf der üblichen Wissensordnung des 16. Jahrhunderts aufzubauen, aber nach eigenen Vorlieben Beyers spezifiziert worden zu sein; welche Werke er dabei im Besonderen bevorzugt, wird die genauere Bestandsanalyse zeigen.

Abb. 4: Herzog August Bibliothek Wolfenbüttel, Augusteerhalle

Innerhalb der einzelnen Sachgruppen ordnet Beyer die Bücher noch einmal nach ihrem Format in Folio, Quart, Oktav und noch kleinere Bände. Auch darin folgt er der zu seiner Zeit üblichen Systematik, wie sie noch heute in der Bibliothek des Wolfenbütteler Herzogs August zu sehen ist (Abb. 4). Gleichzeitig wird daran erkennbar, dass hier eine Aufstellungssystematik und keine abstrakte Ordnung abgebildet ist; die Aufstellung nach Formaten ist in schlichten platzökonomischen Umständen begründet. Man kann also aus dem Beyerschen Inventar ungefähr rekonstruieren, wie die Bibliothek ausgesehen hat; wenn man die Anzahl der verzeichneten Titel hinzunimmt, wird auch die ungefähre Größe ersichtlich. Die in dem Inventar aufgeführten Werke haben weder eine Signatur noch sind sie durchnummeriert. Eine Auszählung ergibt aber, dass die Theologie mit 353 Bänden den größten Teil einnimmt. Da das Inventar bis auf wenige Ausnahmen einen Band jeweils als solchen kennzeichnet und darunter alle in diesem Band eingebundenen Titel aufführt, kann auch die Zahl der in Beyers Bibliothek enthaltenen Werke recht genau bestimmt werden. Für die Theologie sind dies nach dem Inventar 1.022 Titel, wobei es sich zum größten Teil um Drucke handelt. Die Medizin umfasst 315 Bände mit 641 Titeln, die Mathematik 166 Bände mit 360 Titeln. Im Bestandsumfang jeweils abnehmend folgen die juristischen Bücher (bei denen es sich aber in der Mehrzahl um politische und historiographische Werke handelt) mit 264 Titeln in 139 Bänden, die grammatischen Werke mit 206 Titeln in 114 Bänden und die poetischen Bücher mit 101 Titeln in 44 Bänden. Insgesamt besaß Beyer demnach 1.131 Bände mit 2.494 Drucken und wenigen Handschriften. Festzuhalten ist allerdings, dass sich diese Zahlen allein aus dem Inventar ergeben; ein Vergleich der Titelaufnahmen im Inventar mit den heute noch in der Universitätsbibliothek erhaltenen Büchern aus Beyers Besitz zeigt, dass in einzelnen Fällen das Inventar ungenau ist oder nicht alle in einem Band erhaltenen Drucke einzeln aufführt. Insgesamt kann aber wohl doch davon ausgegangen werden, dass Beyers

Bibliothek ungefähr 2.500 Werke in 1.134 Bänden umfasst hat.[10] Damit kann sich seine Büchersammlung fast mit den größeren Gelehrtenbibliotheken des 16. Jahrhunderts messen; diejenige des Humanisten Beatus Rhenanus († 1547) enthielt etwa 2.000 Bände und die des Theologen und Luthergegners Johannes Eck († 1543) etwa 3.000.[11] Sie steht allerdings weit zurück hinter den zeitgenössischen großen patrizischen Sammlungen wie der des Johann Jakob Fugger († 1575) mit 11.000 Drucken.[12] In Frankfurt jedoch wird Beyer in seiner Zeit die umfangreichste Privatbibliothek besessen haben.[13] Der Patrizier Adolf von Glauburg († 1555), mit dem Beyers Vater freundschaftlich verbunden war, führt in seinem Nachlaßverzeichnis 959 Titel auf;[14] Beyers Zeitgenosse Peter Uffenbach, der wie er seit 1600 Stadtarzt in Frankfurt und Urgroßvater des vielleicht prominentesten Frankfurter Sammlers, Zacharias Conrad von Uffenbach, war, verzeichnet in seinem eigenhändigen Bücherinventar von 1617 733 Bände mit 949 Titeln.[15]

Das Exlibris von Zacharias Conrad von Uffenbach (Abb. 5) gibt übrigens eine schöne Darstellung davon, wie man sich eine Privatbibliothek der Zeit vorzustellen hat: Die Bücher stehen in raumhohen Regalen, in deren Fächern sie nach ihrer Größe, die Großformate zuunterst, eingeordnet sind. Die einzelnen Regale nehmen jeweils die Sachgruppen auf, die mit Schildern oben an den Regalen ausgewiesen sind und der üblichen Reihe mit *Theologici, Iuridici, Medici, Litteratores, Historici* und *Philosophi* entsprechen (im Uhrzeigersinn von links

[10] Dies stimmt recht genau mit den Angaben überein, die sich in der Literatur zu der Frankfurter Bibliotheksgeschichte findet. Vgl. Powitz (1984), S. 42: „insgesamt etwa 2.600 Titel umfassend".

[11] Buzas (1976), S. 87f.

[12] Buzas (1976), S. 88.

[13] Vgl. dazu Fürbeth (2010) und Fürbeth (2020, im Druck).

[14] Abdruck des Inventars bei Traut (1920).

[15] Das Verzeichnis stammt aus dem Besitz von Zacharias Conrad von Uffenbach und befindet sich heute in der SUB Hamburg unter der Signatur Cod. hist. litt. 2 26. Vgl. dazu Fürbeth (2020).

vorne). Hinten in der Mitte des Raumes steht ein besonderer Schrank, der die Handschriften aufnimmt. Die Überschriften der beiden hinteren Regale sind auf dem Exlibris nicht zu erkennen, aber geht man von der Ordnung seiner Handschriften aus, dann dürfte es sich hierbei um die *Libri Mathematici* und vielleicht auch um die *Physici* handeln.[16] Nun hatte die Sammlung von Zacharius Conrad von Uffenbach mit insgesamt 12.000 Bänden und 2.000 Handschriften[17] den mehr als zehnfachen Umfang von derjenigen Beyers, so dass für dessen Sammlung statt der acht Regale bei Uffenbach sicherlich ein bis zwei Regale ausgereicht haben dürften.

Abb. 5: Exlibris von Zacharias Conrad von Uffenbach

[16] Franke (1965), Sp. 1292.
[17] Jung (1895).

Man kann sich die Erstellung des Inventars dabei dergestalt vorstellen, dass Beyer, beginnend bei dem untersten Regal mit den Folio-Formaten der theologischen Werke, einen Band nach dem anderen hervorgenommen hat und die Titel der einzelnen in dem Band enthaltenen Drucke (und manchmal auch der zu einem Band zusammen gebundenen Handschriften, die, anders als bei Uffenbach, offenbar nicht separat aufgestellt waren) auf die Vorderseite des zweiten Blattes (das erste Blatt sollte wohl als Schmutzblatt leer bleiben und hat erst später auf der Rückseite das Inhaltsverzeichnis erhalten) des Inventars niedergeschrieben hat. Er beginnt mit der Regalbezeichnung: *Theologische Bücher: in folio.* und trägt dann den ersten dort stehenden Druck ein (Abb. 6):

> *D. Aurelii Augustini, Episcopi Hipponensis, Opera: Curâ Des. Erasmi Roterodami: Basil. apud. Froben. A° 1528. et 1529. Decem tomus comprehensa, et decem voluminibus.*

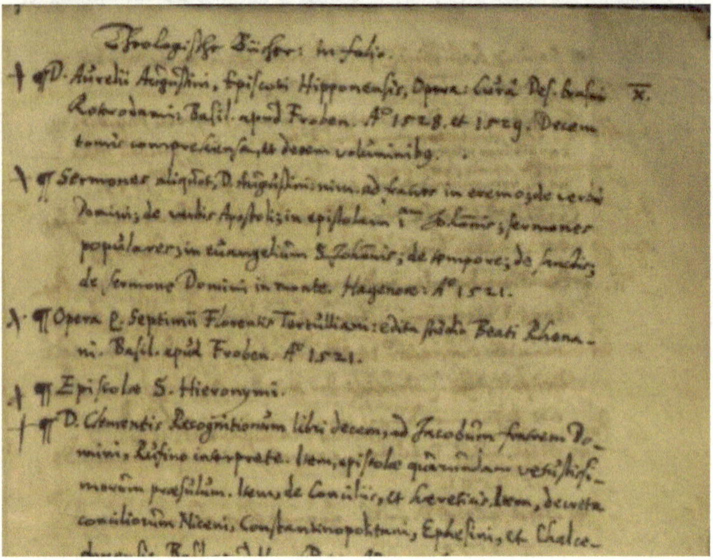
Theologische Bücher: in folio.
¶ D. Aurelii Augustini, Episcopi Hipponensis, Opera: Curâ Des. Erasmi Roterodami: Basil. apud Froben. A° 1528. et 1529. Decem tomis comprehensa, et decem voluminibus. X.
¶ Sermones aliquot, D. Augustini: nimirum ad fratres in eremo, de verbis Domini, de verbis Apostoli, in epistolam [illegible] Johannis, sermones populares, in euangelium S. Johannis; de tempore, de sanctis, de sermone Domini in monte. Haganoae: A° 1521.
¶ Opera Q. Septimii Florentis Tertulliani: edita studio Beati Rhenani. Basil. apud Froben. A° 1521.
¶ Epistolae S. Hieronymi.
¶ D. Clementis Recognitionum libri decem, ad Jacobum fratrem Domini, Rufino interprete. Item, epistolae quorundam vetustissimorum praesulum. Item, de Conciliis, et haereticis. Item, decreta conciliorum Niceni, Constantinopolitani, Ephesini, et Chalce-

Abb. 6 Theologische Abteilung des Inventars (Inventar, S. 1)

Es handelt sich dabei um die zehnbändige Augustinus-Ausgabe, die Erasmus von Rotterdam in den Jahren 1528 und 1529 bei Froben in Basel herausgebracht hatte[18] und die für längere Zeit maßgeblich sein sollte. Vergleicht man nun Beyers Eintrag mit dem Titelblatt des ersten Bandes der Opera (Abb. 7), so fällt auf, dass der Wortlaut nicht identisch ist:

> *D. AVRELII AVGVSTINI HIPPONENSIS EPISCOPI, OMNIVM OPERVM PRIMVS tomus, summa uigilantia repurgatorum à mendis innumeris, per DES. ERASMVM ROTERODAMVM,* etc.

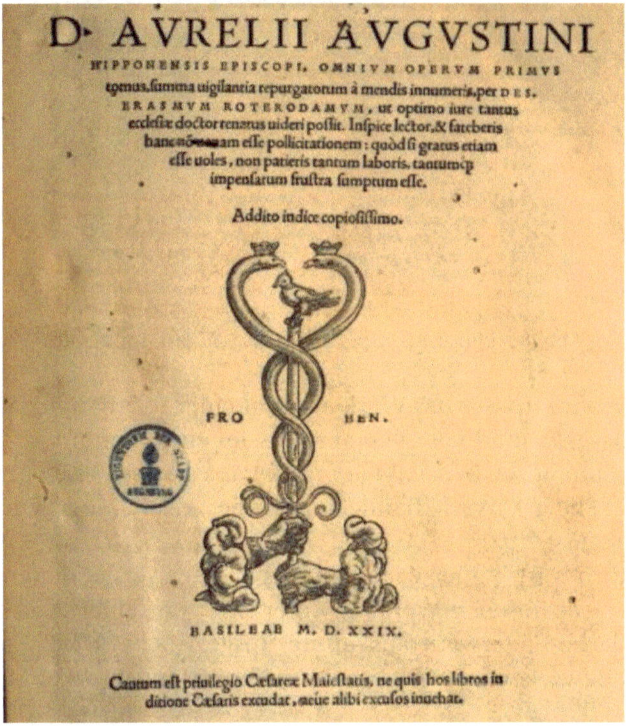
D. AVRELII AVGVSTINI
HIPPONENSIS EPISCOPI, OMNIVM OPERVM PRIMVS
tomus, summa uigilantia repurgatorum à mendis innumeris, per DES.
ERASMVM ROTERODAMVM, ut optimo iure tantus
ecclesiæ doctor renatus uideri possit. Inspice lector, & fateberis
hanc [illegible]am esse pollicitationem: quòd si gratus etiam
esse uoles, non patieris tantum laboris, tantumq́
impensarum frustra sumptum esse.

Addito indice copiosissimo.

FRO BEN.

BASILEAE M. D. XXIX.

Cautum est priuilegio Cæsareæ Maiestatis, ne quis hos libros in
ditione Cæsaris excudat, neúe alibi excusos inuehat.

Abb. 7 Augustinus, Opera (Basel 1528/29), Titelblatt

[18] VD16 A 4148.

Vor allem aber wird auf der Titelseite neben dem Druckersignet und dem Druckort die Jahreszahl der Gesamtausgabe 1529 angegeben; das Jahr des Drucks des ersten Bandes 1528 findet sich erst im Impressum (Abb. 8).[19]

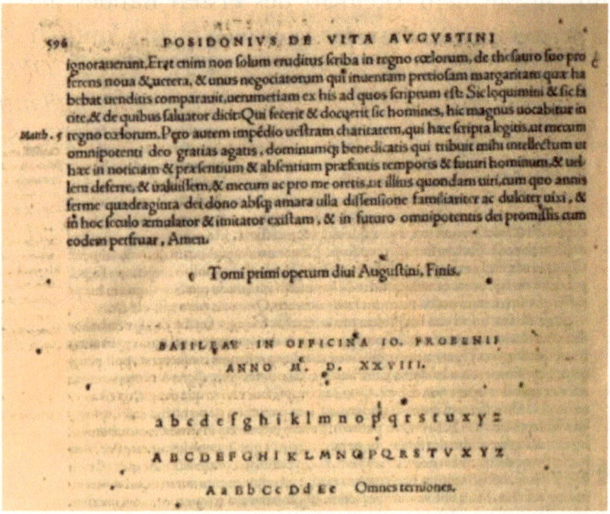
596 POSIDONIVS DE VITA AVGVSTINI

ignorauerunt. Erat enim non ſolum eruditus ſcriba in regno cœlorum, de theſauro ſuo proferens noua & uetera, & unus negociatorum qui inuentam pretioſam margaritam quæ habebat uenditis comparauit, uerumetiam ex his ad quos ſcriptum eſt: Sic loquimini & ſic facite. & de quibus ſaluator dicit: Qui fecerit & docuerit ſic homines, hic magnus uocabitur in
Math. 5 regno cœlorum. Pro autem impẽdio ueſtram charitatem, qui hæc ſcripta legitis, ut mecum omnipotenti deo gratias agatis, dominumq; benedicatis qui tribuit mihi intellectum ut hæc in noticiam & præſentium & abſentium præſentis temporis & futuri hominum, & uellem deferre, & ualuiſſem, & mecum ac pro me oretis, ut illius quondam uiri, cum quo annis ferme quadraginta dei dono abſq; amara ulla diſſenſione familiariter ac dulciter uixi, & in hoc ſeculo æmulator & imitator exiſtam, & in futuro omnipotentis dei promiſſis cum eodem perfruar, Amen.

Tomi primi operum diui Auguſtini, Finis.

BASILEAE IN OFFICINA IO. PROBENII
ANNO M. D. XXVIII.

a b c d e f g h i k l m n o p q r s t u x y z

A B C D E F G H I K L M N O P Q R S T V X Y Z

Aa Bb Cc Dd Ee Omnes terniones.

Abb. 8 Augustinus, Opera (Basel 1528/29), Impressum

Beyer verzeichnet das Werk also mit einer relativ freien Titelwiedergabe, und vor allem: er muss es entweder gut gekannt oder durchgeblättert haben, um zu wissen, dass es sich um ein zehnbändiges Werk handelt, das über zwei Jahre gedruckt worden ist.

Ähnliches ist immer wieder zu beobachten, insbesondere bei den medizinischen Werken, wo er sich von seiner Profession her ja besonders gut auskannte. Insgesamt lässt sich sagen, dass Beyer bei der Titelaufnahme für sein Inventar die Bände

[19] Das Druckjahr 1528 erscheint erst ab dem zweiten Band auf dem Titelblatt. Der fünfte Band ist 1529 gedruckt und entsprechend auf dem Titelblatt vermerkt, sechster und siebter Band wieder 1528. Erst ab dem achten Band ist das Erscheinungsjahr 1529 wieder auf dem Titel zu finden. Vgl. die Angaben im VD 16.

nicht nur in die Hand genommen hat, sondern sie zumindest auch durchgeblättert haben muss; bei den ihm vertrauten Werken verzeichnet er des Öfteren einen Kurztitel, der sich zuweilen so weit von dem Werktitel entfernt, dass der damit gemeinte Druck nicht mehr zu identifizieren ist.

Die Titelaufnahmen folgen ansonsten außer der Ordnung nach Sachgruppen und darin nach Formaten, wobei beides, wie bemerkt, wohl von der Aufstellung vorgeben ist, keinem sonstigen Prinzip. Insbesondere ist, anders als etwa bei modernen Bibliotheken, keine Aufstellung oder Titelaufnahme nach dem Zeitpunkt der Eingliederung in die Bibliothek festzustellen. Darauf würde, da im Inventar keinerlei Hinweise auf die Art und den Zeitpunkt des Erwerbs zu finden sind, zumindest eine zeitliche Ordnung nach den Druckjahren hinweisen; eine solche ist aber nicht vorhanden. Vielmehr stehen die Bücher in chronologisch bunter Reihenfolge. Um als Beispiel noch einmal auf den Beginn des Inventars mit den theologischen Bänden in Folio zurückzukommen (Abb. 6): auf die schon genannte Augustinus-Ausgabe von 1528 und 1529 folgt ein Druck von dessen ‚Sermones' aus dem Jahr 1521, danach eine Ausgabe der Werke Tertullians, herausgegeben von Beatus Rhenanus im Jahr 1521, dann eine Ausgabe der Briefe des Hieronymus ohne Druckort und -jahr (vermutlich 1525),[20] ein Sammelband mit zwei Drucken von 1536 und 1537, dann ein Druck des Origenes von 1522, wiederum gefolgt von einer frühen Laktanz-Ausgabe von 1476. Schon innerhalb der ersten sechs verzeichneten Bände umfassen die Erscheinungsjahre also eine Zeitspanne von sechs Jahrzehnten; eine vergleichbare, chronologisch gesehen sprunghafte Anordnung der Titel gilt für das gesamte Inventar.

[20] Es handelt es sich hier wohl um die von Erasmus von Rotterdam veranstaltete Ausgabe, die in Köln um 1525 erschienen ist (VD 16 ZV 7937). Nur in dieser Ausgabe ist in der Tat kein Druckort und -jahr angegeben.

Eine gewichtige Ausnahme ist allerdings festzustellen. Wie schon bemerkt, hat Beyer am Ende fast jeder Sach- und Formatgruppe Raum freigelassen, wahrscheinlich, um dort die Drucke aufnehmen zu können, die er nach der Fertigstellung des Inventars noch für seine Bibliothek erworben hatte. Der Zeitpunkt der Fertigstellung muß im Übrigen schon einige Jahre vor der Abfassung des Testaments im Jahr 1624 gelegen sein, geht man von den Druckjahren der verzeichneten Bücher aus. Insgesamt verzeichnet das Inventar 353 Werke, die nach 1600 gedruckt worden sind, was ungefähr ein Siebtel des Gesamtbestandes ausmacht. Eine genaue Auszählung ergibt, dass von diesen 353 Werken 214 im ersten Jahrzehnt, 121 im zweiten Jahrzehnt und nur noch achtzehn nach 1620 gedruckt worden sind. Beyer hat also offensichtlich nach 1600 kontinuierlich seinen Bucherwerb reduziert und nach 1620 kaum noch Bücher gekauft. Von diesen achtzehn nach 1620 in seine Bibliothek gekommenen Büchern ist nun eines, der *Creutzspiegel aller menschen. M. Joh. Renckari* aus dem Jahr 1623,[21] am Ende der Sachgruppe *Theologische Bücher, in 12°, 16°, vnd 24°* auf S. 66 eingetragen und ist demnach dort das letzte, hier gewissermaßen in der Chronologie des Erwerbs verzeichnete Buch. Alle anderen, nach diesem Datum erschienenen Bücher sind allerdings jeweils am unteren Ende verschiedener Seiten nachgetragen, wobei der andere Schriftduktus nicht immer deutlich zu erkennen ist: so die Ausgabe des Antidotariums von Nicolaus Myrepsus von 1625 auf der Seite 100, ein Sammelband mit drei Drucken aus den Jahren 1624, 1622 und 1620 auf der Seite 113, das *Dispensatorium Medicum* des

[21] Der Titel ist im VD 17 nicht nachweisbar. Bei dem Autor handelt es sich vielleicht um den 1592 in Frischborn in Hessen geborenen Johannes Rencker, der 1624 mit einer ‚Quaestio Theologica: Num Sponsis, ante solennem in Ecclesia copulationem & benedictionem, concu[m]bentibus, publica poenitentia iuste imponatur' (VD17 23:246010G) promoviert wurde.

Nicolaus Myrepsus von 1626[22] auf der Seite 120 (wobei hier noch ein Druck des *Lilium medicinae* von 1574 folgt, was zeigen würde, dass Beyer auch noch ältere Bücher auf dem Buchmarkt erworben hat) oder ein Exemplar der *Emblemata Sacra* von Daniel Cramer von 1625 auf Seite 183.[23] Der letztgenannte Druck hat sich unter der Signatur N. libr. Ff. 10906 in der Universitätsbibliothek erhalten, so dass anhand dieses Exemplars glücklicherweise erkannt werden kann, wie Beyer in diesem Zeitraum, in dem er ansonsten nicht mehr allzu viele Bücher erworben hat, zu weiterem Buchbesitz gekommen ist: Es ist ihm von dem Verleger des Werks, Lukas Janisch (Jennisius), geschenkt worden.

[22] Nicolai Myrepsi Alexandrini [...] Dispensatorium Medicum: Sive De Recta Medicamentorum praeparatione & usu: Opus In Sectiones XLVIII. digestum / A Leonhardo Fuchsio [...] publico, e Graeco in Latinum conversum, luculentissimi[que] Annotationibus illustratum. Francofurti: Palthenius, 1625. VD17 12:190122X. Der von Beyer verzeichnete Druck aus dem Jahr 1626 ist im VD 17 nicht nachweisbar.

[23] Emblemata Sacra. Hoc est, Decades Quinque Emblematum Ex Sacra Scriptura, De dulcissimo Nomine & Cruce Jesu Christi, figuris aeneis incisorum. Pars ... / Primo per Reverend. Dn. Danielem Cramerum, SS. Theologiae Doctorem collecta. Postea Vero A Dn. Cunrado Bachmanno, Hist. & Poetices Professore Epigrammatibus Latino-Germanicis illustrata, tandem opera M. C. R. Versibus & Rhythmis Gallo-Italicis declarata, ornata, & ad instar Philothecae Christianae sive Albi Amicorum exhibita. Francofurti: Jennisius, 1624. VD17 7:700951M. Der von Beyer verzeichnete Druck aus dem Jahr 1626 ist im VD 17 nicht nachweisbar.

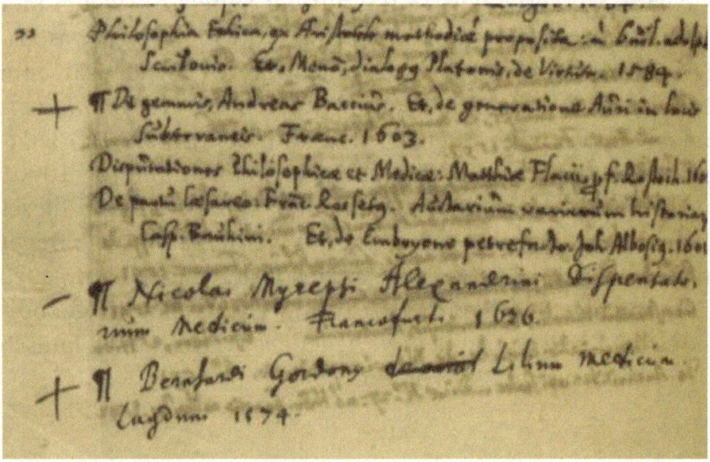

Philosophia [illegible] ex Aristotele methodice proposita [illegible]
[illegible] Et, Meno, dialogus Platonis, de Virtute. 1584.
¶ De gemmis, Andreae Baccii. Et, de generatione Auri in locis
subterraneis. Franc. 1603.
Disputationes Philosophicae et Medicae: Matthiae [illegible] Rostoch. 16[illegible]
De partu Caesareo Franc. Rosseti. Auctarium variorum historiarum
Casp. Bauhini. Et, de Embryone petrefacto Joh. Albosii. 1601
¶ Nicolai Myrepsi Alexandrini dispensatorium Medicum. Francofurti. 1626.
¶ Bernardi Gordonii ~~[illegible]~~ Lilium medicinae
Lugduni 1574.

Abb. 9 Nachträge (Inventar, S. 120)

Das *sonderbahre Bücher=Register*, von dem Beyer in seinem Testament aus dem Jahr 1624 spricht und das der Sammlung bei der Übergabe an die Stadtbibliothek in einer Kopie beigegeben werden sollte, war zu diesem Zeitpunkt also schon vorhanden oder zumindest in der Verfertigung. Alle die wenigen Bücher, die danach noch in Beyers Besitz gelangten, sind in Nachträgen in das Verzeichnis aufgenommen worden; warum sie aber jeweils am Ende einer Seite und nicht am Ende der jeweiligen Sachgruppe eingetragen worden sind, muss vorläufig offenbleiben.

Bei der Eingliederung in die Bestände der Stadtbibliothek hat nun der Bearbeiter die übergebenen Bücher mit dem Inventar abgeglichen. Wie an den Beispielen gut zu sehen ist (Abb. 6 und 9), setzt Beyer dem jeweiligen Sammelband ein Paragraphenzeichen voran. Dies signalisiert in der Überzahl der Fälle, dass alle danach folgenden Werktitel bis zum nächsten Paragraphenzeichen zu diesem Sammelband gehören; der anfangs dargestellte Fall der zehnbändigen Augustinus-Ausgabe, neben der ebenfalls ein Paragraphenzeichen steht (Abb. 6), bildet mit wenigen anderen die Ausnahme von dieser Regel. Hier geht es Beyer wohl darum, dass alle zehn Bände zu einem Werk gehören. Das Paragraphenzeichen steht also vor allem jeweils für einen Band, auch mit mehreren eingebundenen Werken, oder, wenn ein Werk aus mehreren Bänden besteht, für dieses Werk. Die obige Angabe der Zahl von 1.134 in der Bibliothek Beyers enthaltenen Bände wäre also unter diesem Aspekt noch um ein Geringes nach oben zu korrigieren.

Neben diesen Paragraphenzeichen findet sich außerdem im Inventar fast durchgängig entweder ein Kreuz- oder ein Minus-Zeichen, wie es ebenfalls gut in den Abbildungen 6 und 9 zu sehen ist. Diese Vermerke stammen wohl von dem Bearbeiter der Stadtbibliothek; zu vermuten ist, dass er damit kennzeichnet, ob bei der Übergabe die jeweiligen Bände noch vorhanden waren (+) oder ob sie nicht mitübergeben wurden (–). Insgesamt findet man in dem Inventar 127 Minuszeichen, so dass man davon ausgehen kann, dass nach Beyers Tod im Jahr 1625 ein Teil seiner Bücher von seiner Witwe verkauft, verschenkt oder bei der Übergabe für sich behalten wurde, obwohl eine solche Möglichkeit im Testament der Eheleute nicht vorgesehen war.[24]

Ein Selbstbehalt läge tatsächlich für einen Teil der als fehlend gekennzeichneten Bücher auf der Hand. So ist gut vorstellbar, dass die Witwe für ihre Andacht und Erbauung eine Bibel (*Bibel, teutsch. D. Lutheri. Franckfurt, bei Feirabendt, A° 1561*; Inventar, S. 2), einen Psalter (*Der Psalter Davids, sampt der Außlegung: Lucae Osiandri. 1595*; S. 35), einen Katechismus (*Der kleÿn Catechismus Lutheri: in 16°. A.° 1578*; S. 64) oder eine Ars moriendi (*Sterbens betrachtung. Mart. Molleri. 1601*;

[24] Ein ähnliches Schicksal hat die Bücherstiftung des Frankfurter Juristen Ludwig von Marburg zum Paradies erfahren. Nach dessen Tod im Jahr 1502 hat die Witwe entgegen dem Willen des Stifters die Bücher nicht dem Rat übergeben, sondern zunächst ihrem Neffen überlassen. Als dieser 25 Jahre später gestorben war, gingen die Bücher dann zwar doch noch in die Ratsbibliothek, waren dort aber nicht mehr von großem Nutzen, weil sie mittlerweile veraltet waren. Powitz (1999), S. 352.

S. 49) gut gebrauchen konnte. Aber wozu benötigte sie eine griechisch-lateinische Ausgabe des Neuen Testaments (*Novum testamentum, graece: cum latina versione Erasmi, et annotationibus Illyrici: adjecto indice uberrimo, et textus, et glossae. Basil. Pern. A° 1570*; S. 3) oder gar den Koran (*Alcoranum, seu Vita ac doctrina Machumetis*; S. 10), ganz zu schweigen von den fachtheologischen (*Institutiones Theologicæ Guilielmi Bucani. Genevæ: A.° 1609;* zusammengebunden mit *De carnis Resurrectione, argumenta é natura, scriptura, et patribus desumta: contra omniumtemporum Saducæas. Idem. 1604*; S. 49) und kirchenpolitischen (*Kirchenordnung im Fürstenthumb Würtemberg. 1553*; S. 46) Werken in Beyers Besitz? Und auch den katholischen ‚Hortus animae' (*Hortulus Animæ: eÿn päbstisch gebetbuch, zu Leon A° 1513 getruckt: dainn viel vnderschiedlich ablas zu finden: auch vff 80000 jahr*; S. 57) wird die Schwiegertochter des protestantischen Stadtpredigers schwerlich in ihre Bibliothek stellen.
Gleiches gilt für die medizinischen Werke. Auch hier gibt es einige Bücher, die man sich in der heilkundlichen Handbibliothek einer Arztwitwe vorstellen könnte, wie etwa ein Arzneibuch (*Practicierbüchlin Joh. Dryandri: sampt ettlichen rathschlägem Enricii Cordi, Hieron. Bocks, vnd Dioclis Caristii. Franc. 1551*; S. 108), ein Hebammenbuch (*Kindbetterin arthuri Dav. Herlicii. Stetin in frowen. A.° 1618,* zusammen gebunden mit *Hebammen Rosengarten Eucharii Röslin, Medici Franc. Et, Frauwen artznei D. Joh. Cubæ, medici Francof. Et, Secreta Alb. Magni. Et, von Zufälln der Schwangern, Bonatiolus. Et, Kindspflege Barth. Merlingeri. A.° 1544;* S. 105) oder ein Traumdeutungsbuch (*Von außlegung der Traum: M. Gualtherus Rÿff. A.° 1551*; S. 98). Für andere Werke aber hätte sie die lateinische Sprache beherrschen (*Hieronymi Mercurialis Foroliviensi, Medicina Practica internorum corporis affectuum. Francof. 1601*; S. 76) oder sogar tiefere Kenntnisse in der Medizin besitzen müssen (*De curatione morborum intern-*

orum, Dionysius Fontamonus Mempessulanus. Item: Cheirurgicæ observationes 25: Guilelmi Fabricii Hildani: et ejusdem tractatus de Gangræna et Sphatelo. A.° 1600; S. 113).

In ähnlicher Weise stellt sich die Lage der mit einem Minus-Zeichen versehenen Bände in den anderen Sachgruppen dar, auf die aber hier nicht mehr weiter eingegangen werden soll. So liegt insgesamt die Schlussfolgerung nahe, dass nach dem Tod Beyers 1625 und bei der Übergabe der Buchsammlung an die Stadtbibliothek die Witwe im Jahr 1640 vielleicht durchaus einige Bücher für sich behalten hat, dass sie aber vielleicht schon vor der Übergabe einige Bücher verschenkt oder sogar verkauft hat. Dafür spricht nun ein zweiter Punkt. In dem heutigen Bestand der Frankfurter Universitätsbibliothek, in der zur Zeit noch 161 Bände aus Beyers ehemaligem Besitz nachweisbar sind,[25] finden sich nun doch auch einige Bände, obwohl sie im Inventar mit einem Minus-Zeichen versehen sind, wie etwa das oben genannte Practicierbüchlin des Johannes Dryander.[26] Es kann natürlich sein, dass sie von der Witwe später nachgereicht worden sind; wahrscheinlicher ist aber doch wohl, dass sie über einen Verkauf an einen anderen Besitzer und von diesem dann später in die Stadtbibliothek gelangt sind. Dass Beyer oder sein Vater schon zu Lebzeiten Bücher verkauft, verschenkt oder eingetauscht haben, zeigt das Exemplar der ‚Opera naturalia' des Albertus Magnus aus Beyerschem Besitz.[27] Dieses trägt auf dem hinteren Spiegel einen Spruch: *Hartman Bayer 1543*. Auf dem Einband findet man den Prägestempel *A V G 1543*, wobei die Buchstaben als die Namens-initialen von Adolf von Glauburg aufzulösen sind, der sich handschriftlich außerdem auf dem Vorsatzblatt eingetragen hat. Dass das Buch im Jahr 1543 von Hartmann Beyer an Adolf von Glauburg gegeben wurde und nicht umgekehrt, wird wiederum durch die weiteren Besitzeinträge auf dem

[25] Siehe dazu eingehend das fünfte Kapitel.

[26] Frankfurt a. M., N. libr. Ff.10351.

[27] Divi Alberti Magni [...] naturalia ac supernaturalia opera. Venedig 1517. Ex. Frankfurt a. M., UB, Wq 8. USTC 808373.

Titelblatt deutlich: *Est Adolfi a Glauburg I. C., Joannis Adolfi a Glauburg, Jacobi Marquardi a Glauburg.* Bei Johannes Adolf († 1616) und Jacob Marquard († 1650) handelt es sich um Sohn und Enkel des Adolf von Glauburg († 1555), so dass das Buch nach Adolfs Tod in dem Besitz der Familie geblieben ist. Tatsächlich finden sich auch mehrere Titel in dem Glauburgschen Bücherinventar aus dem Jahr 1555, hinter denen die ‚Opera naturalia' vermutet werden können;[28] und erwartungsgemäß sind die ‚Opera naturalia' im Inventar Beyers nicht verzeichnet.

[28] *Albertus Magnus de natura locorum* (Traut, 1920, S. 25); *Naturalia opera Alberti Magni* (ebd., S. 27).

Die beiden Sammler: Hartmann Beyer und Johann Hartmann Beyer

Die Familie Beyer stammt aus der Stadt Büdingen in der Wetterau, etwa 50 Kilometer nordöstlich von Frankfurt gelegen. Wilhelm Beyer war Anfang des 16. Jahrhunderts als Tuchweber von dort nach Frankfurt gezogen, wo er am 5. Mai 1507 das Bürgerrecht erwarb. Nach der Eheschließung mit Elisabeth, die ebenfalls aus Büdingen kam, wurde in Frankfurt am 30. September 1515 Hartmann Beyer geboren.[1] Der kleine Hartmann besuchte das 1520 von einem patrizischen Kreis als ‚Junkerschule' neu gegründete Gymnasium in Frankfurt,[2] wo er unter dem Humanisten Jacob Mycillus, dem Nachfolger des 1524 verstorbenen Gründungsrektors Wilhelm Nesen, einen gründlichen Unterricht in den humanistischen Fächern erhielt. Die Zeugnisse dieses Unterrichts und seines Interesses an den alten Sprachen finden sich noch in großer Zahl in seinem Buchbesitz.[3]

Neunzehnjährig ging Hartmann Beyer im Jahr 1534 zum Studium der Theologie an die Universität Wittenberg. Sein Vater hatte für ihn ein Stipendium bei dem Frankfurter Rat erbeten, das ihm auch bewilligt wurde; Hartmann Beyer war damit, nachdem die Stadt 1533 den katholischen Gottesdienst in Frankfurt verboten hatte, der erste, der „von einem ehrbaren

[1] Zu Wilhelm Beyer und seiner Ehefrau Elisabeth findet sich nur eine kurze Notiz in der bis heute grundlegenden Biographie zu dem Frankfurter Prädikanten Hartmann Beyer, dem Vater Johann Hartmann Beyers, von G. E. Steitz (1852), hier S. 7. Die Biographie von Steitz stützt sich einerseits auf die handschriftlichen Aufzeichnungen Beyers selbst und andererseits auf die Lebensbeschreibung Beyers durch Peter Patiens, der als Prediger am Frankfurter Barfüßerkloster seit 1571 dessen Amtskollege und Freund war (vgl. Frost, 1996). Seine ‚Narratio de vita et obitu H. Beyeri' wurde 1577 zuerst auf Latein, dann 1578 in Deutsch veröffentlicht. Die folgenden Ausführungen zu Hartmann Beyer beruhen weitgehend, soweit nicht anders angegeben, auf den beiden Biographien von Patiens und Steitz.

[2] Vgl. dazu Schindling (1989), bes. S. 213f.

[3] Vgl. dazu das folgende vierte Kapitel.

Rathe beim heiligen Evangelio zum Studio der Theologie verlegt worden" war.[4] In Wittenberg studierte Beyer bei Luther und Melanchthon, mit denen ihn ein freundschaftliches Verhältnis verband, wie nicht zuletzt einige Bücher aus seinem Besitz zeigen, die ihm vielleicht von beiden geschenkt worden sind.[5] Nachdem er 1539 zum Magister promoviert worden war und deshalb wohl das Stipendium wegfiel, verdiente sich Beyer seinen Lebensunterhalt damit, „daß er etliche Junge Studenten zu sich genommen / vnd dieselbigen bey ihm in seiner Stuben vnterwiesen / darzu auch sonst andern / die jn haben gewölt hören / sonderliche Lectiones fürgelesen".[6]

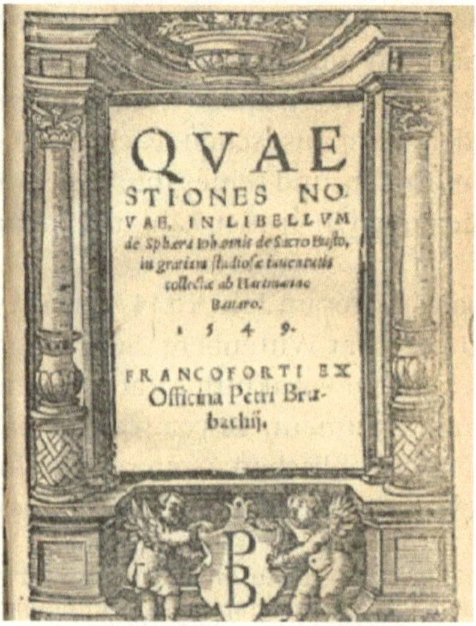

Abb. 1 Hartmann Beyer, Quaestiones in Libellum de Sphaera. Frankfurt a. M. 1549

Bei dieser Gelegenheit ist wohl auch sein Kommentar zu dem astronomischen Einführungswerk des Mittelalters und der frühen Neuzeit, dem ‚Tractatus de Sphaera' des Johannes von Sacrobosco, entstanden, der 1549 erstmals gedruckt wurde („damit er die Jugendt mit vielfeltigem abschreiben nicht beschwerete"[7]) und im 16. Jahrhundert noch zahlreiche Neuauflagen erlebte (Abb. 1).[8]

[4] Zitat nach Steitz (1852), S. 11.
[5] Vgl. dazu das fünfte Kapitel.
[6] Patiens (1578), S. [43].
[7] Patiens (1578), S. [43].
[8] Quaestiones novae in libellum de sphaera Iohannis de Sacro Busto. Frankfurt a. M.: Peter Braubach, 1549 (VD16 B 2490). Zu den weiteren Auflagen und Nachdrucken vgl. das Literaturverzeichnis

Auf einer Heimreise im Jahr 1545 anläßlich des Todes seiner Eltern berief ihn der Rat auf eine Prädikantenstelle, die durch den Tod des Sebastian Ligarius, dessen Tochter Beyer später heiraten sollte, frei geworden war; Beyer sagte allerdings nicht sofort zu, sondern ging noch einmal zurück nach Wittenberg, wo er den Rat Luthers einholen wollte. Mit dessen Empfehlung trat Hartmann Beyer am 11. April 1546 das Predigeramt in Frankfurt an (Abb. 2).

Abb. 2 Bildnis von Hartmann Beyer, 1567
(Dr. Senckenbergische Stiftung, Porträtsammlung)

Beyer stand fest im lutherischen Glauben und war insbesondere in seiner Amtsführung zu keinerlei Kompromissen bereit. Selbst sein Biograph kann dies nicht uneingeschränkt positiv ausdrücken: „[D]as jugendliche Feuer seines Temperamentes und der rasche Ungestüm seines Charakters rissen ihn fort und gaben seinen Predigten nicht selten einen gereizteren und verletzenderen Ton, als es selbst die weite Sitte seiner Zeit gestattete".[9] Dies führte nicht nur immer wieder zu Reibereien mit dem Rat, sondern bei zwei Gelegenheiten sogar zum offenen Widerstand, der in einem Fall mit der Entlassung Beyers endete. Das erste Mal ging es um die Anerkennung des Interims durch die Stadt Frankfurt, das nach dem Sieg Karls V. im Schmalkaldischen Krieg 1546/47 von diesem am 15. Mai 1548 in Augsburg als „weitgehend katholisches Dokument" proklamiert worden war; den protestantischen Reichsständen wurde bis zur Klärung durch ein Konzil nur der Laienkelch und die Priesterehe gewährt.[10] Nachdem im Schmalkaldischen Krieg das benachbarte Darmstadt im Dezember 1546 von kaiserlichen Truppen eingenommen wurde, beschloss der Rat der Stadt Frankfurt, sich dem Heerführer freiwillig zu unterwerfen und übergab ihm am 29. Dezember 1546 die Stadt, so dass Frankfurt bis weit in das folgende Jahr von kaiserlichen Truppen besetzt war. Diese Erfahrung und auch die daraus resultierenden enormen Schulden veranlassten den Rat, Mitte Juli 1548 das Interim anzunehmen; die Prediger der Stadt, und unter ihnen offenbar meinungsführend Hartmann Beyer, wollten sich allerdings nicht den Bestimmungen des Interims unterwerfen und nahmen in ihren Predigten offen Stellung dagegen, was wiederum zur wiederholten Einbestellung durch den Rat und dortiger Ermahnung zu vorsichtigerem Verhalten führte.[11] Beyer holte dagegen ein Gutachten von seinem Lehrer Philipp Melanchthon ein, von dem er sich Unterstützung versprach, allerdings enttäuscht wurde: Das Gutachten vom 29. Januar 1549 „athmet denselben Geist nachgiebiger Mäßigung, der seine [Melanchthons] Persönlichkeit charakterisierte und in dem sogenannten Leipziger Interim fast bis zur haltungslosen Schwäche herabsank".[12] Melan-

[9] Steitz (1852), S. 53.
[10] Vgl. Kaufmann (2009), S. 685–688; Zitat S. 685.
[11] Steitz (1852), S. 40.
[12] Steitz (1852), S. 39.

chthon unterscheidet darin zwischen den unabdingbar notwendigen Dingen des reformierten Glaubens – etwa die Predigt des Evangeliums – und anderen Dingen, die nach „Gottes Wort weder geboten noch verboten sind",[13] also keine theologischen Kernfragen von Bekenntnisrang darstellten. Diese These der sogenannten ‚Mitteldinge' oder ‚Adiaphora' hatte Melanchthon als Kompromisslösung für seinen Landesherrn Moritz von Sachsen 1548 entwickelt[14] und nahm sie nun in seinem Gutachten für Beyer wieder auf, was den Rat der Stadt Frankfurt darin bestärkte, von den Predigern erneut zu verlangen, den Bestimmungen des Interims nachzukommen und etwa die Abendmahlsliturgie entsprechend dem katholischen Brauch zu halten und dabei weiße Chorhemden zu tragen. Wie die anderen Prediger weigerte sich auch Beyer; vor den Rat zitiert drückte er dies in geradezu lutherischer Pose so aus: „Meine Herren haben Gewalt über meinen Leib und nicht über mein Gewissen. Sie gebieten mir, was sie Macht haben! Gebieten sie mir aber wider mein Gewissen, so thun sie Unrecht und ich will ihnen darin nicht gehorchen!"[15] Dass Beyer dabei höchst interessiert an der theologischen Diskussion der ‚Adiaphora' war, zeigt der Besitz von insgesamt 24 Drucken zu diesem Thema.[16]

Eine Einigung war auf diese Weise nicht zu erzielen, und da Beyer seine Gemeinde offenbar auch gegen das Interim und damit gegen den Rat aufwiegelte, beschloss dieser endlich, ihn auf die Stelle des Rektors des Gymnasiums zu versetzen, wobei er daneben allerdings auch weiter sein Predigeramt versehen sollte. Obwohl dies eine Verbesserung seines Gehaltes von 120 auf 200 Gulden bedeutet hätte, lehnte Beyer eine solche ‚Beförderung nach oben' ab, weil er dies als ersten Schritt zur Entfernung aus der Stelle als Prädikant verstand. Dem Rat

[13] Zitat nach Kaufmann (2009), S. 632.
[14] Kaufmann (2009), S. 687.
[15] Zitat nach Steitz (1852), S. 41.
[16] Vgl. dazu das folgende vierte Kapitel.

blieb nach erneuten Auseinandersetzungen letztendlich nichts anderes mehr übrig, als Beyer am 5. April 1553 zu entlassen.[17] Dass ihm dabei immerhin ein Übergangsgeld von 25 Gulden gewährt wurde, und vor allem, dass der Rat über Jahre die Opposition Beyers doch mehr oder weniger geduldet hatte, deutet darauf hin, dass er unter den Ratsmitgliedern starke Fürsprecher hatte; insbesondere seine enge Freundschaft mit Adolf von Glauburg und Hieronymus von Glauburg ist bezeugt,[18] die unter anderem auch an dem Bücheraustausch zwischen Beyer und den Glauburgs zu erkennen ist.[19]
Allerdings muss auch die Unterstützung von Seiten der anderen Prediger und seiner Gemeinde so groß gewesen sein, dass der Rat nach kurzer Frist Beyer wieder anstellen musste, diesmal sogar mit einer erheblichen Gehaltserhöhung, deren Betrag allerdings unbekannt ist.[20]
Ein weiterer Konflikt zwischen Hartmann Beyer und dem Rat der Stadt Frankfurt entstand durch den Zuzug verfolgter Calvinisten aus der Wallonie, den Niederlanden und England in den Jahren 1554 und 1555. Der Hauptstreitpunkt war hier die calvinistische Abendmahllehre, nach der im Abendmahl der Leib Christi nicht räumlich, sondern nur geistig gegenwärtig sei und er deshalb nur mit dem Glauben, nicht mit dem Mund aufgenommen werde.[21] Der Prediger der wallonischen Flüchtlinge, Valérand Poullain (Valerandus Polandus), sondierte Anfang 1554 die Bereitschaft in Frankfurt, seine verfolgten Glaubensbrüder aufzunehmen, und versicherte gegenüber Beyer, als die calvinistische Abendmahlslehre an-

[17] Steitz (1852), S. 73.
[18] Steitz (1852), S. 115 u. 182.
[19] Vgl. dazu die Kapitel 2 und 5.
[20] Beyer drohte mit der Annahme einer auswärtigen, besser besoldeten Stelle, und erklärte sich nur unter der Bedingung wieder dazu bereit, sein Amt weiterzuführen, „wenn man ihn den übrigen an der Barfüßerkirche wirkenden Geistlichen vollkommen gleichstelle". Steitz (1852), S. 75.
[21] Kaufmann (2009), S. 522–541 („Der reformatorische Abendmahlsstreit").

gesprochen wurde, „er bleibe einfach bei den Worten des Apostels Paulus stehen und halte sich schlicht daran".[22] Dies entsprach insofern nicht der Wahrheit, als er schon 1547 einen gegenteiligen Traktat in den Druck gegeben hatte.[23] Poullain erreichte schließlich durch geschicktes Antichambrieren bei dem Rat und hinter dem Rücken der Frankfurter Prediger, dass der Rat am 18. März 1554 der Aufnahme in Frankfurt zustimmte und der wallonischen Gemeinde die Kirche des ehemaligen Weißfrauenklosters zuwies; dieser Tag gilt allgemein als das Gründungsdatum der französisch-reformierten Gemeinde in Frankfurt.[24] Andere Flüchtlinge folgten, so dass sich 1555 drei reformierte Gemeinden in Frankfurt befanden. Ob nun wegen des Konkurrenzdrucks durch diese Neubürger, bei denen es sich hauptsächlich um Handwerker handelte, wegen ihres reformierten Glaubens, der sie selbstverständlich auch das Abendmahl nach calvinistischen Ritus feiern ließ, oder wegen der ihnen zugewiesenen Kirche in zentraler Lage am Eingang der Zeil, opponierten die lutherischen Prediger mit einer Bittschrift an den Rat: „Nachdem die Kirche zu Katharinen auch ein niedriges Gebäu ist und in diesem Volk allerlei Seuchen regieren, auch ihre jungen Kindlein mit sich in die Kirchen tragen und unrein halten [...] sollten der Fremden Kirchen an einem sonderlichen Orte stehen und nicht also öffentlich am Wege liegen, daß wer fürüberginge hineinlaufe und etwa von ihren ungewöhnlichen Ceremonien Aergerniß empfangen möchte".[25] Im Fortgang wurde Beyer von dem Rat zu einer schriftlichen Stellungnahme beauftragt,

[22] Steitz (1852), S. 107.

[23] Traicte tres vtile dv S. Sacrement de la Cene. Auec response aux principaulx argumens des anciens & modernes contre ce s.Sacrement. Par Ian de Rochefort (Donnè a Strasbourg ... [par] Valérand Poullain). Basel 1547 (VD16 ZV 12715).

[24] Schäufele (2010).

[25] Zitat nach Steitz (1852), S. 117.

die wiederum von Poullain mit dem Druck eines Gegentraktats beantwortet wurde.[26] Als schließlich nicht nur die Auseinandersetzungen zwischen den Predigern der Stadt Frankfurt und denjenigen der reformierten Gemeinden auf Dauer nicht beizulegen waren, sondern dazu auch innerhalb der drei reformierten Gemeinden Konflikte ausbrachen, beschloss der Rat am 22. April 1561, „dass die welschen Prädicanten sich fürderhin des Predigens gänzlich zu enthalten hätten, bis so lange sie sich zuvor mit den hiesigen Prädicanten gänzlich verglichen und vereinigt hätten".[27] Dieses Verbot der Glaubensausübung führte dazu, dass 1562 der größte Teil der Wallonen und Niederländer Frankfurt wieder verließ. Dass damit der Streit über das richtige Abendmahl für Beyer noch nicht beigelegt war, zeigen nicht nur seine eigenen Werke,[28] sondern auch und vor allem die große Anzahl von insgesamt 74 Drucken zu dem Thema, die sich in seiner Bibliothek befunden haben.[29]

Mit welchen Mitteln Beyer seine zahlreichen Bücher erworben hat, ist nicht bekannt; nach Meinung seines Amtskollegen Patiens hat er kein großes Vermögen besessen. Bei der anfänglichen geringen Besoldung von 120 Gulden habe er das Erbe

[26] Antidotus Valerandi Pollani Flandri, Aduersus Ioachimi Vuestphali nomine pestilens Consiliũ, nuper scriptum ad Magnificum Senatum inclytae ciuitatis Francofordiae. O.O. 1557 (VD16 P 4517).

[27] Zitat nach Steitz (1852), S. 139.

[28] De ficticio Missae Sacrificio argumenta Sophistarum Pontificiorum cum refutationibus eorundem. Argumenta vera, firma, & perspicua contra Sacrificium Missae Papisticae. Magdeburg: Christian Rödinger d. Ä. 1550 (VD16 ZV 23510); Vnterricht Vom hochwuerdigen Abendmal Christi/ Was die rechte Lehre vnd meynung/ Glaub vnd Bekäntnueß/ wort vnd Reden seyen/ deren sich die Euangelischen Kirchen der Augspurgischen Confeßion/ in erklärung desselbigen/ gebrauchen [...] gestellet/ durch Petrum Patienten/ Der Euangelischen reynen Kirchen zu Franckfurt am Meyn Predicanten [Unter Beteiligung von Hartmann Beyer]. Frankfurt a. M.: Egenolff Erben, 1575 (VD16 G 677). Neudruck Heidelberg: Jakob Müller, 1579 (VD16 G 678).

[29] Vgl. dazu das vierte Kapitel.

seiner Eltern für die Haushaltsführung mit einsetzen müssen;[30] allerdings habe er die von den Eltern ererbten Weingärten behalten „vnd darzu ein eigen Hauß gekaufft vnd erbawet / welches auch mit zimlichem eynkommen für seine Erben ist versehen".[31] Ob und welcher Teil des Erbes dabei für Bücherkäufe verwendet wurde, schreibt Patiens nicht; einen Hinweis auf die Art des Bucherwerbs gibt er aber damit, „daß er in den Druckereyen / bey welchen er als ein Gelehrter viel gethan / etwas erworben" habe,[32] was er wiederum nach seinem Tod seinen „Haußfrauwen / die er nacheinander gehabt / ein zimlichs / doch eine mehr dann die ander / zubracht / verlassen / vnd auffgeerbet" habe.[33]

Beyer war insgesamt dreimal verheiratet; nachdem die erste Ehefrau Barbara 1553 verstorben war, heiratete er noch im selben Jahr erneut. Diese zweite Ehefrau Agatha, geb. Widtman, starb im Dezember 1561; vier Monate später, im April 1562, nahm Beyer Katharina Ligarius zur Frau. Beyers Biograph Patiens rühmt ihren Vater Sebastian Ligarius, den Amtsvorgänger Beyers, dass dieser Luther noch aus gemeinsamen Klosterzeiten gekannt habe.[34] Mit allen drei Ehefrauen hatte Beyer Kinder, von denen aber nur die Kinder aus der dritten Ehe den Vater überlebten; der Erstgeborene in dieser Ehe war Johannes Hartmann Beyer, der am 15. April 1563 geboren wurde;[35] dieser war also vierzehn Jahre alt, als sein Vater Hartmann Beyer am 11. August 1577 starb.[36]

Johannes Hartmann Beyer muss das Interesse seines Vaters für mathematische und astronomische Studien geerbt haben. Eine eigene wissenschaftliche Tätigkeit zu diesen Themen ist für ihn zwar erst im frühen 17. Jahrhundert mit Publikationen

[30] Patiens (1578), S. [103].
[31] Ebd.
[32] Ebd.
[33] Patiens (1578), S. [104].
[34] Patiens (1578), S. [84–87].
[35] Lorey (1955).
[36] Steitz (1852), S. 191.

zur Dezimalrechnung und zu geometrischen Problemen nachweisbar,[37] aber schon als Jugendlicher ist er durch Frankfurt und die umliegenden Städte gewandert und hat in exakter geometrisch-astronomischer Weise Anbringung, Konstruktion und Schattenwurf von Sonnenuhren aufgezeichnet.

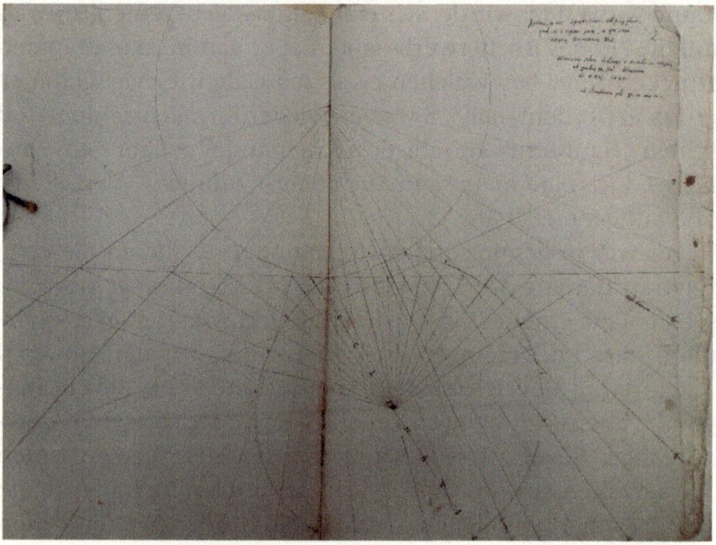

Abb. 3 Konstruktionszeichnung einer Sonnenuhr in Offenbach am 18. Mai 1575

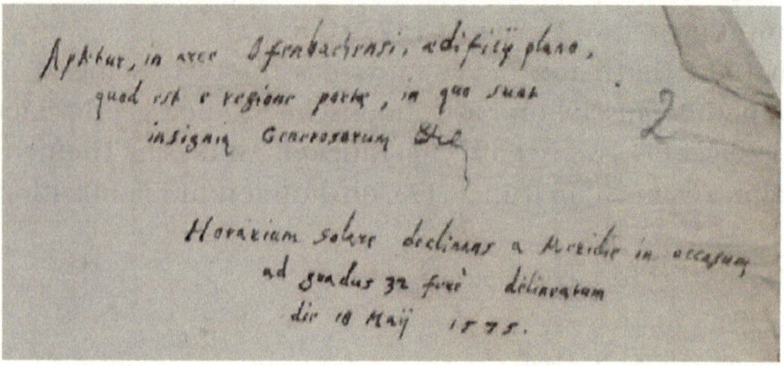

Abb. 4 Ausschnitt oben rechts

[37] Vgl. dazu das sechste Kapitel.

Die entsprechenden Blätter sind erhalten,[38] unter anderem eine Zeichnung, die Beyer am 18. Mai 1575 in Offenbach angefertigt hat (Abb. 3 und 4).[39]

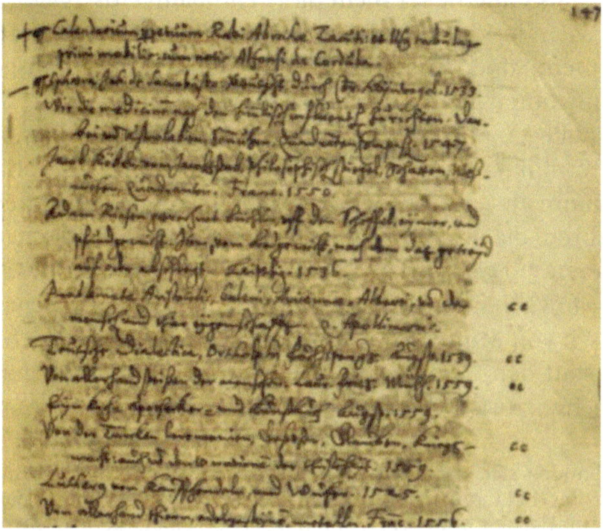

Abb. 5 Verzeichnis der Fachliteratur zu den Sonnenuhren im Inventar (Inventar, S. 147)

[38] Nachlass in der UB Frankfurt a. M., Sign. Ms. Ff. J. H. Beyer, Mappe mit Berechnungen und Zeichnungen zu Sonnenuhren in Frankfurt und Umgebung.

[39] Ebd., f. 2. In der Zeichnung ein Vermerk oben rechts: *Αρκτur, in arce Ofenbachensi, ædificij plano, quod est e regione portæ, in quo sunt insignia Generosorum Etc. Horarium solare declinans a Meridie in occasum ad gradus 32 fere delineatum die 18 Maij 1575* („[unter dem Stern des Nordens] Arktur, in der Offenbachischen Burg, an dem flachen Teil des Gebäudes, von dem Teil der Eingangstür gesehen, in welchem sich die Wappen der Adeligen befinden etc. Die gut gefertigte Sonnenuhr neigt sich von Mittag gegen den Untergang gegen den 32. Grad. Am 18. Tag des Mai 1575“). Gemeint ist das Isenburger Schloss in Offenbach, an dessen Südseite noch heute die genannten Wappen zu sehen sind. Da diese erst 1578 fertiggestellt wurden, die Wappen an den Turmportalen aber schon 1570 und 1572, ist anzunehmen, dass sich Beyer auf Letztere bezieht.

Ebenso ist die einschlägige Fachliteratur, die Johann Hartmann und sein Vater angeschafft haben, im Inventar verzeichnet (Abb. 5).[40]

Allerdings sollte Beyer nicht diese Laufbahn einschlagen, sondern wie sein Vater Prediger werden. Ebenfalls wie sein Vater mit einem Stipendium des Rats der Stadt Frankfurt ausgestattet und unter der Vormundschaft von Matthias Ritter, dem Amtskollegen von Hartmann Beyer und eifrigen Mitstreiter in den Konflikten mit dem Frankfurter Rat, bezog Johannes Hartmann Beyer 1579, also im durchaus üblichen Alter von 16 Jahren, die Straßburger Universität, um zuerst die Artes zu studieren.[41] Nach dem Bakkalaureat 1581 und dem Magisterium 1583 hatte er sich jedoch entschlossen, nicht dem Wunsch von Mutter, Vormund und Rat weiter zu folgen, sondern statt der Theologie die Medizin zu wählen. In der ausführlichen brieflichen Auseinandersetzung mit Matthias

[40] Es handelt sich dabei um 14 Drucke, deren Erscheinungsjahre von 1533 bis 1611 reichen. Man könnte zwar auch vermuten, dass sich Johann Hartmann Beyer die älteren Werke später auf dem Buchmarkt beschafft hat, aber insbesondere ein Sammelband mit insgesamt elf Drucken (im Inventar auf S. 147 und dort mit einem Minuszeichen als nicht vorhanden gekennzeichnet) stammt wohl doch von dem Vater. In diesem Band befinden sich die zweite Übersetzung des ‚Tractatus de sphaera' von Johannes von Sacrobosco durch Konrad Heinvogel (Erstdruck Nürnberg: Gutknecht, 1516; VD16 J 739; bei Beyer wird eine nicht nachweisbare Ausgabe von 1533 angegeben), das Rechenbüchlein von Adam Riese (Leipzig: Melchior Lotter d. Ä., 1536; VD16 R 2414), aber auch Luthers ‚Von Kaufhandeln und Wucher' (Augsburg: Jörg Nadler, 1525, VD16 L 7274, oder Straßburg: Wolfgang Köpfel, 1525, VD16 L 7279), und eben eine Anleitung zur Konstruktion einer Sonnenuhr (Jakob Köbel, Laienkompaß [Eine künstliche Sonnenuhr ..., Ausz.] Frankfurt: Christoph Egenolff d. Ä., 1547. VD16 K 1637). Es ist zu vermuten, dass einige Drucke noch aus der Studienzeit des Vaters stammen.

[41] Die folgenden Daten und Informationen hat Miriam Zitter (2002) aus dem Briefwechsel Beyers herausgearbeitet, der als Teil seines Nachlasses heute in der Frankfurter Universitätsbibliothek aufbewahrt wird. Insgesamt sind 319 Briefe verschiedener Korrespondenzpartner und 56 Briefe von Beyer selbst erhalten. Dazu kommt ein ‚Briefbuch' mit Briefkonzepten Beyers, so dass allein aus der Studienzeit Beyers noch 173 Briefe erschlossen werden können (Zitter, 2002, S. 286f.).

Ritter, der von dem plötzlichen Studienfachwechsel nicht sonderlich erfreut war, begründete er diese Wahl damit, dass ihm das *studium rerum naturalium et medicinae* schon immer gut gefallen habe und ihn außerdem seine Lehrer und Freunde dazu ermuntert hätten.[42] Als nach einigem Widerstand, insbesondere von Seiten des Rats, der damit argumentierte, es sei bislang nur Theologiestudenten ein Stipendium gewährt worden, und Beyer Ungehorsam, ja letztlich sogar die Verführung durch den Teufel vorwarf, Beyer doch die Erlaubnis zum Studium der Medizin erteilt wurde und er sich am 28. Januar 1584 zu diesem Zweck an der Universität Tübingen einschrieb, hatte er vorher noch eine Liste mit den benötigten Lehrwerken an seinen Vormund geschickt. Darin nennt er die Standardwerke von Hippokrates und Galen, eine Bearbeitung des mittelalterlichen ‚Regimen sanitatis Salernitatum', die ‚Anatomia Mundani' sowie Walter Ryffs ‚Spiegel und regiment der gesundhait'.[43] Offensichtlich ist dieser Wunsch, wenn auch nicht sofort,[44] erfüllt worden, denn alle diese Bücher sind im Inventar verzeichnet.[45] Andere Werke besorgte sich Beyer selbst zu Beginn seines Studiums in Tübingen: „Ego Fuchsii compendium, et Fernelii opera mihi comparavi; quae legam, donec Galeni, Vesalii, Matthioli, aliorumque autorum, qui non nisi magno vendentur, copia mihi facta fuerit."[46] Auch die

[42] Zitter (2002), S. 289.

[43] Zitter (2002), S. 295.

[44] So Zitter (2002), S. 296.

[45] *Principes medicinae, post Hippocratem et Galenum, duobus tomis Genevæ editi, ab Henrico Stephano: A.° 1567* (Inventar, S. 68); *Schola Salernitana, de Conservanda valetudine: cum notis Arn. Novi. Item, de Electione meliorum simplicium, Rhythmi Oth. Cremonens. De moderatione cibi, potus, somni, vigiliarum: Phil. Melanchth. De victu salubri privatorum. Polybius. Franc. 1554.* (Inventar, S. 108); *Anatomia Mundini: á Joh. Dryandro restituta. Merp. A.° 1541* (Inventar, S. 89); *Spiegel der gesundheÿt, fur die teutschen, Gualtheri Rivii. 1555* (Inventar, S. 109).

[46] „Ich habe mir das Compendium von Fuchs und die Werke Fernels gekauft: die werde ich lesen, bis mir von Galen, Vesalius, Matthiolus und anderen Autoren, die nur zu einem hohen Preis verkauft werden,

erstgenannten dieser Titel finden sich im Inventar wieder;[47] zur geplanten Abschrift von Galen, der ‚Anatomie' des Vesalius († 1564) oder des Dioscurides-Kommentars des Pietro Andrea Gregorio Mattioli († 1577) ist es wohl nicht gekommen. Ob Beyer sich das Exemplar des Mattioli, das 1559 in Venedig gedruckt wurde, dann doch noch hat leisten können[48] oder sich später erst beschafft hat,[49] muss offenbleiben. Auf jeden Fall hat Beyer in den Vorlesungen in Tübingen, aber auch schon vorher in Straßburg und später in Padua, eifrig mitgeschrieben; acht dieser Mitschriften sind noch erhalten.[50]

eine Kopie angefertigt worden sein wird." Brief Beyers vom 8. März 1584. Zitat und Übersetzung nach Zitter (2002), S. 296.

[47] *Institutioneum medicinæ libri V: Leonh. Fuchsii. Bas. 1583* (Inventar, S. 110); *Joh. Fernelii, libri Physiologici II, et totidem Pathologici. 1581. Joh. Fernelii, Therapeutices universalis libri VII. Ejusdem, febrium curandarum methodis generalis. Ejusdem liber, de Lue venecta. 1581. Ejusdem, de Abdictis rerum caussis, libri II. Franc. A.° 1581* (Inventar, S. 110). Die drei Drucke von Fernel sind heute noch in der Frankfurter Universitätsbibliothek unter den Signaturen N. libr. Ff. 10987 und N. libr. Ff. 10760, Nr.1–2 vorhanden.

[48] *Petri Andreæ Matthioli comm. in libros VI Dioscurides, de Medica materia, cum imaginibus plantarum et animalium. Ejusdem apologia, adversus Amatum Lusitanum, et censura in hujus enarrationes. Venetiis. A.° 1559* (Inventar, S. 72).

[49] Immerhin hat er sich auch noch zwei spätere Drucke dieses pharmakologischen Standardwerkes aus den Jahren 1598 (Inventar, S. 72; VD16 M 1611) und, in deutscher Übersetzung, 1590 (Inventar, S. 72; VD16 M 1615) angeschafft. Der zweite Druck ist heute noch in der Frankfurter Universitätsbibliothek unter der Signatur Einband-Slg. fol. 14 vorhanden.

[50] Beyer hat folgende Vorlesungen mitgeschrieben: Johannes Vischer, zu den Aphorismen des Hippokrates (Frankfurt a. M., UB, Ms. lat. oct. 9), Ders., zur Anatomie, zu Galen u.a.; Andreas Planer, zu Galen u.a. (Ms. lat. oct. 25). Außerdem hat er eine Reihe von medizinischen Disputationen in Tübingen aufgezeichnet (Ms. lat. oct. 30). Auch in Padua hat er Vorlesungen mitgeschrieben (Ms. lat. oct. 232). Schon in Straßburg hat er folgende Mitschriften gemacht: Melchior Junius, Scholae de conscribendis epistolis ad imitationem Ciceronis (Ms. lat. oct. 23), Johann Ludwig Hauenreuter, zu Aristoteles (‚Parva naturalia', ‚De anima'; Ms. lat. oct. 26), Ders., zu Aristoteles (‚De coelo'; Ms. lat. oct 27), Ders., zu Aristoteles (Ms. lat. oct. 29).

Nach dreijährigem Studium machte Beyer 1587 eine abschließende Studienreise nach Padua,[51] der spätmittelalterlichen und frühneuzeitlichen Hochburg der Medizin. Ob er sich von dort aus auch Bücher mitbrachte, kann anhand des Inventars nicht exakt beantwortet werden; immerhin weist dieses aber vier Drucke aus Neapel,[52] Venedig[53] und Padua[54] mit diesem Erscheinungsjahr aus. Nach der Rückkehr in Tübingen wurde er 1588 mit einer Disputation zum dem Thema des ‚Furors und seiner Heilung' (*Disputatio de furore seu mania, eiusque curatione*) promoviert (Abb. 6);[55] schon wenig später, zu Anfang des Jahres 1589, ließ er sich in seiner Heimatstadt Frankfurt nieder.

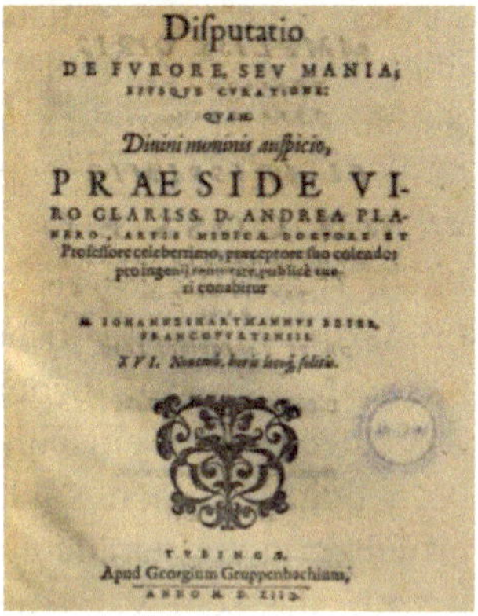
Disputatio
DE FVRORE, SEV MANIA,
Diuini numinis auspicio,
PRAESIDE VI-
RO CLARISS. D. ANDREA PLA-
TVBINGAE.
Apud Georgium Gruppenbachium,

Abb. 6 Johann Hartmann Beyer,
Disputatio de Furore
Frankfurt a. M. 1588

[51] Zitter (2002), S. 300.

[52] *Bernardini Telesii, Consentini, de Rerum natura, juxta propria principia, libri IX. Neapoli: A.° 1587* (Inventar, S. 82).

[53] *Hieronymi Mercurialis: consiliorum tomus primus: continens Consilia No. 112. Venetiis. A.° 1587* (Inventar, S. 72); *Julius Cæsar Arantius, Bononiensis, de foetu humano. Ejusdem, Anatomicae observationes. Et, de tumoribus particularibus. Venet. 1587* (Inventar, S. 89).

[54] *Joha. Gradonicus, Patritius Venetus: de mundi corporei natura. Patav. 1587* (Inventar, S. 99).

[55] Disputatio de furore, seu mania, eiusque curatione; quam, Diuini numinis auspicio, Praeside Viro Clariss. D. Andrea Planero, Artis Medica Doctore et Professore celeberrimo, praeceptore suo colendo; pro ingenij tenuitate, publicè tueri conabitur M. Iohannes Hartmannus Beyer, Francofurtensis. Tübingen: Georg Gruppenbach, 1588 (VD16 P 3168). Unter *furor seu mania* versteht Beyer eine Geistesverwirrtheit mit Jähzorn (*delirium cum excandescentia*), die aus einer Störung des Gehirns (*corruptio cerebri*) resultiere, welche durch ein Feuer des Lebensgeistes (*dependens a spiritu animali igneo*) hervorgerufen werde (ebd, f. 1r).

Zu dieser Zeit war Bechtold Bach (Rivius; † 1622)[56] Physicus primarius in Frankfurt; Beyer wurde neben Bach am 12. März 1589 zum Physicus ordinarius bestellt.[57]

Zu den Aufgaben der Physici, die von der Stadt besoldet wurden, gehörten die Gesundheitsvorsorge und die Beratung in allen medizinalpolitischen Angelegenheiten der Stadt, insbesondere auch die Aufsicht über das Apothekenwesen und über die Zulassung neuer Ärzte.[58] Für diese Tätigkeit erhielten sie ein Gehalt von 60 Gulden, dazu 10 Gulden Malzgeld, 10 Malter Korn sowie Abgabenfreiheit („Rentenfreiheit") für Wein, Bier und Mehl.[59] Erst 1622, also nach dem Tod von Bach, rückte Beyer als Senior auf den Rang eines Physicus Primarius vor,[60] was insbesondere den Vorsitz des ‚Collegium medicale' der Stadt bedeutete, das über die oben genannten Angelegenheiten entschied.

Von dem knappen Sold, den Beyer als Physicus ordinarius erhielt und der gerade einmal die Hälfte des Anfangsgehaltes betrug, das sein Vater als Prädikant bezogen hatte und von dem dieser schon nicht hatte leben können, wird Beyer seine umfangreiche Büchersammlung nicht bezahlt haben. Ein weit höheres Einkommen wird er durch seine ärztliche Tätigkeit

[56] Bach hatte 1580 die Tätigkeit als Physicus noch abgelehnt, da die Stadt ihm nur ein Gehalt von 25 Gulden angeboten hatte. Lersner, II, 2 (1734), S. 61.

[57] Der Anstellungsvertrag mit dem Siegel Beyers ist erhalten, s. oben S. 7. Siehe auch Stricker (1847), S. 64.

[58] Lersner, I, 2 (1706), S. 58; Stricker (1847), S. 51 u. 84.

[59] Stricker (1847), S. 61. Die Beträge gelten zwar für das Jahr 1630, dürften aber in der Zeit davor nicht höher gewesen sein. Zum Kaufkraftvergleich kann man die bei Lersner, II, 1 (1734), S. 747 angegebenen Preise für ein Fuder (nach Frankfurter Maß ca. 860 Liter) Bockenheimer Wein heranziehen: dieser steigt von 20 Gulden (1584) auf 90 Gulden (1589) und sinkt dann wieder auf 72 Gulden (1590). Mit dem Sold eines Physicus ordinarius hat sich Beyer also pro Jahr durchschnittlich ungefähr 1.000 Liter Wein kaufen können.

[60] Stricker (1847), S. 64. Im Nachlass Beyers findet sich dagegen ein Gratulationsgedicht zur Erlangung des Amtes eines Stadtphysikus aus dem Jahr 1607 (Nachlass Beyer, Ms. Ff. J. H. Beyer D II, Gratulationsgedichte).

erzielt haben, wobei als Vergleich die Taxen dienen können, welche die Physici für ihre amtsärztlichen Tätigkeiten erhalten haben.[61] Wahrscheinlich hat er auch an der Wunderarznei verdient, die er vielleicht als Konkurrenzmittel für den venetianischen Theriak erfunden hat.

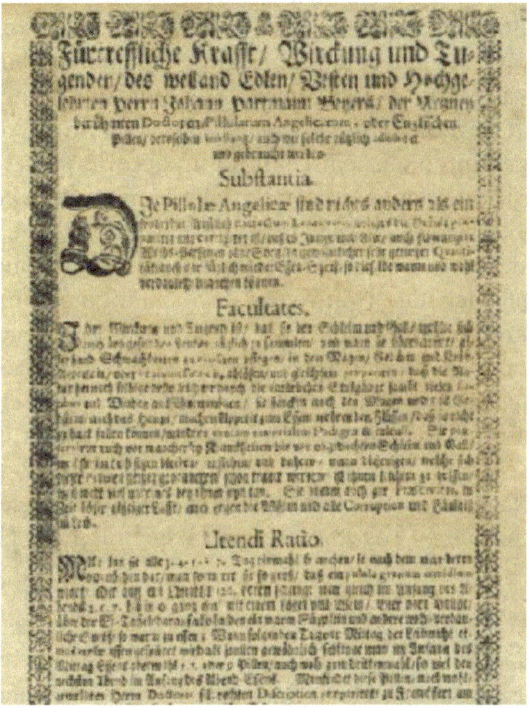

Fürtrefflichte Krafft/ Wirckung und Tugenden/ des weiland Edlen/ Vesten und Hochgelehrten Herrn Johann Hartmann Beyers/ der Artzney

Substantia

Die Pillulae Angelicae sind nichts anders als ein

Facultates.

Utendi Ratio

Abb. 7 Werbeblatt für die sog. ‚Englischen Pillen'.
Frankfurt a. M. ca. 1650

[61] Stricker (1847), S. 63 nennt folgende Taxen: schriftlicher Bericht 45 Kreuzer (auf der Frankfurter Messe 1585 einigen sich die Kaufleute darauf, dass ein Rheinischer Goldgulden 82 Kreuzer wert sein soll), für eine Collegiatbesichtigung ohne Bericht ein Goldgulden. Die Taxen stammen zwar aus dem Jahr 1761, in einem Gesuch um Taxerhöhung beklagen sich die Physici aber, dass diese seit dem 16. Jahrhundert nicht mehr erhöht worden seien.

1589 klagten die Apotheker Frankfurts vor dem Rat darüber, dass auswärtige Krämer und Landstreicher Theriak, ein seit dem Mittelalter als Allheilmittel geltendes Kompositum, verkaufen würden. Bach entwarf eine entsprechende Verfügung, die den Verkauf untersagte und nur den wahren, aus Venedig kommenden Theriak zuließ.[62] Beyer hatte nun ein eigenes Allheilmittel zusammengemischt, dessen Zubereitung er den Apothekern nur unter der Bedingung der Geheimhaltung des Rezepts zugestand.[63] Die wegen ihrer Wirkung so genannten ‚Englischen Pillen' (*Pilulae angelicae*) sollen im 17. Jahrhundert im gesamten europäischen Raum begehrt gewesen sein[64] und wurden dementsprechend mit Einblattdrucken beworben (Abb. 10),[65] was allerdings nicht verhindern konnte, dass sie auch andernorts imitiert und verkauft wurden.[66] Auch wenn die Frage nach der Höhe von Beyers Einkommen letztlich nicht beantwortet werden kann, zeigt doch seine rege Korrespondenz und vor allem seine publizistische Tätigkeit, dass sein zu Anfang des Studiums gemachtes Bekenntnis, er sei von Natur aus für die Medizin und nicht wie sein Vater für die Theologie geschaffen, der Wahrheit entsprochen haben muss. In seinem Nachlass sind Briefe der bekanntesten Ärzte seiner Zeit an ihn erhalten, so von seinem akademischen Lehrer in

[62] Stricker (1847), S. 102f.
[63] Stricker (1847), S. 105.
[64] Stricker (1847), S. 105.
[65] Kräfftige Würckung unnd Tugenden deß Edlen Vesten unnd Hochgelährten Herrn Doctor. Johannis Hartmanni Bayers S. Pilularum Angelicarum, oder Englische Pillen deroselben Substantz auch wie solche nützlich adhibirt und gebraucht werden […] Man findet dieselben in der Apoteck zu Franckfurt am Meyn/ zum güldenen Kopff. [S. l.], [ca. 1650] (VD17 23:636581T).
[66] Kräfftige Würckung unnd Tugenden deß Edlen Vesten unnd Hochgelährten Herrn Doctor. Johannis Hartmanni Bayers S. Pilularum Angelicarum, oder Englische Pillen deroselben Substantz auch wie solche nützlich adhibirt und gebraucht werden [...] Man findet dieselben Pillen […] zu Leipzig bey Johann Teuschern der Artzney privilegirten zu finden im Güldnen Hahn auff der Heustrasse. [Leipzig?] [ca. 1650?] (VD17 9:745278Z).

Tübingen, Andreas Planer († 1606),[67] von Caspar Bauhin († 1624), Professor der Medizin in Basel,[68] Martin Ruland d. J. († 1606), Stadtphysikus in Regensburg und dann Leibarzt des Kaisers Rudolf II. in Prag,[69] oder Andreas Libavius († 1616), Chemiker und Stadtphysicus in Rothenburg.[70]
Dessen ‚Neoparacelsica' hat Beyer, zusammen mit einer Vorrede von Bernhard Stieber († 1627), Stadtarzt in Rothenburg, an Martin Ruland und von ihm selbst an Bernhard Stieber, 1594 in Frankfurt herausgegeben.[71] In den nächsten zehn Jahren folgten noch sechs weitere Drucke, wobei es sich in der Hauptsache um italienische und französische Autoren wie Girolamo Capivaccio († 1589), Professor der Medizin in Padua,[72] Benedetto Vettori († 1561), Professor der Medizin in Padua und Bologna, und Camillo Tomai († um 1549), Arzt in Ravenna,[73] Valesco de Taranta († 1418), Arzt in Montpellier,[74] oder Hieronymus de Aquapendente (Girolamo Fabrizi, † 1619), Professor der Chirurgie und Anatomie in Padua, handelte, deren Werke er, neben einem weiteren Text von

[67] Nachlaß, A, Briefe an Johann Hartmann Beyer, Nr. 182, aus dem Jahr 1588.

[68] Ebd., Nr. 4–6, aus den Jahren 1597 bis 1598.

[69] Ebd., Nr. 231–235, aus den Jahren 1595 bis 1606.

[70] Ebd., Nr. 105–155, aus den Jahren 1594 bis 1611.

[71] Andreas Libavius, Neoparacelsica. Frankfurt a. M.: Peter Kopf und Johannes Saur, 1594 (VD16 L 1500).

[72] Girolamo Capivaccio, Practica Medicina. Bearb. v. J. H. Beyer. Frankfurt a. M.: Zacharias Palthenius u. Peter Fischer, 1594 (VD16 C 858); Ders., Opera Omnia. I. Physiologica, II. Pathologica, III. Therapeutica, IV. Mista, V. Extranea. Hrsg. v. J. H. Beyer. Frankfurt a. M.: Zacharias Palthenius u. Jonas Rosa, 1603 (VD17 12:166949Y)

[73] Benedetto Vettori u. Camillo Tomai, Medicationis empeiricae libri tres. Mit einem Beitrag von J. H. Beyer. Frankfurt a. M.: Johann Kollitz u. Johann Theobald Schönwetter, 1598 (VD16 V 1767, VD16 T 1521).

[74] Valescus [de Taranta], Philonioum pharmaceuticum et cheirurgicum. Bearb. von J. H. Beyer. Frankfurt a. M.: Romanus Beatus u. Nikolaus Basse, 1599 (VD16 V 157) (Nachdruck: Valescus [de Taranta], Philonium Pharmaceuticum Et Chirurgicum. Bearb. von J. H. Beyer. Frankfurt, Leipzig, [Breslau], [Görlitz], Jena 1680 [VD17 23:626801D]).

Andreas Libavius,[75] in den Druck brachte.[76] Da es dabei hauptsächlich um teils auch schon ältere, teils aktuelle allgemeine Werke der Heilkunde, der Pharmazie und der Chirurgie ging, ist dies wohl ein lukrativer Markt gewesen.
Daneben hat Beyer seine materielle Situation wohl auch durch entsprechende Heiraten verbessern können. Seine erste Ehefrau war im Jahr 1610 Catharina Treudel, Witwe des Christoph Braumann jun., geworden.[77] Ihr Schwiegervater, Christoph Braumann sen., war Mitglied des Hauses Frauenstein, einer Frankfurter Patriziergesellschaft, die seit 1368 existierte und damit neben dem Haus Limpurg die älteste und angesehenste Frankfurts war. Ungefähr drei Jahre nach seiner Eheschließung mit Catharina Treudel, die allerdings schon nach einem Jahr verstarb, wurde Beyer am 13. Januar 1613 in das Haus Frauenstein gewählt; in der Zwischenzeit, im Jahr 1611, hatte er Clara Jacob, Witwe eines nicht weiter bekannten Herrn Stöckel, geheiratet. Nach deren Tod im Jahr 1619 nahm er dann 1621 in dritter Ehe Ursula Botzheim zur Frau. Diese war vorher mit dem 1617 verstorbenen Philipp Rücker verheiratet, der von 1587 bis 1614 Ratsherr, Jüngerer und Älterer Bürgermeister, Schöffe und stellvertretender Stadtschultheiß gewesen[78] und selbst einflußreiches Mitglied des Hauses Limpurg war. Ursula selbst wiederum stammte aus der Ehe von Elisabeth Stalburg und Hans Botzheim, Teilhaber der Stalburg-Gesellschaft und ebenfalls Mitglied des Hauses Limpurg.[79] Damit hatte Beyer Verbindungen zu den beiden angesehensten Patriziergesellschaften Frankfurts, was dann

[75] Andreas Libavius, Rerum chymicarum epistolica. Mit einem Beitrag von J. H. Beyer. Frankfurt a. M.: Peter Kopf, Johann Lechler d. J. Johannes Saur, 1595/99 (VD16 L 1504).
[76] Hieronymus Fabricius ab Aquapendente, Pentateuchos Cheirurgicum. Hrsg. v. J. H. Beyer. Frankfurt a. M.: Nikolaus Hoffmann, 1604 (VD17 23:640392Y).
[77] Die Angaben zu den Heiraten bei Hansert/Stoyan (2012), S. 98.
[78] Körner/Hansert (2003), S. 84f.
[79] Körner/Hansert (2003), S. 401.

schließlich auch zu seiner eigenen Aufnahme in das Haus Frauenstein führte.
Schon vorher, im Jahr 1612, war er in den Rat der Stadt Frankfurt gewählt worden,[80] wobei 24 Ratssitze von Mitgliedern des Hauses Limpurg und 18 gemeinsam von Mitgliedern des Hauses Frauenstein und von Vertretern der Zünfte besetzt wurden. Zwei Jahre später, 1614, übernahm Beyer, mittlerweile selbst in das Haus Frauenstein aufgenommen, das Amt des Älteren Bürgermeisters.[81] Damit trug er Verantwortung in einer für Frankfurt schwierigen Zeit. Ausgangspunkt war das Verlangen der Zünfte nach größerer Regierungsbeteiligung. Unter Vermittlung des neuen Kaisers Matthias, der sich 1612 zu seiner Krönung in Frankfurt aufhielt, kam es im Dezember 1612 zu einem Bürgervertrag, der den Rat um 18 Mitglieder erweiterte und den Zünften weitergehende Kontrollmöglichkeiten zubilligte.[82] Als sich dabei die enorme Verschuldung der Stadt in Höhe von 9 ½ Tonnen Goldgulden herausstellte, setzen die Handwerker unter Führung des Lebkuchenbäckers Vinzenz Fettmilch am 5. Mai 1614 den Rat ab und stellten ihn im Römer unter Arrest. Dies wiederum brachte den Kaiser dazu, am 22. August 1614 allen Aufständischen die Reichsacht anzudrohen, was als Reaktion noch am selben Tag in Frankfurt zu Unruhen und zur Plünderung der Judengasse und anschließender Vertreibung der Juden aus der Stadt führte. Mit der Verhängung der Reichsacht am 28. Oktober 1614 fiel der Aufstand in sich zusammen; 1615 wurden Fettmilch und 37 Mitangeklagte wegen Majestätsverbrechen zum Tode verurteilt und am 28. Februar 1616 auf dem Roßmarkt hingerichtet.

[80] Lersner, I, 1 (1706), S. 283.
[81] Lersner, I, 1 (1706), S. 283. Vgl. a. Matthäus (2012), S. 33-40.
[82] Vgl. dazu grundlegend Bothe (1920); Koch (1997).

Abb. 8 Hinrichtung von Vinzenz Fettmilch am 28. Februar 1616
(Frankfurt a. M., Institut für Stadtgeschichte)

In einem zeitgenössischen Bericht, in dem auch die jeweiligen Supplikationen und Verträge abgedruckt sind, wird ausführlich die Gefangensetzung des Rats im Mai 1614 geschildert. Dienstboten hätten „den Alten (Theils schwachen) Herrn essen bracht“, und immer, wenn Fettmilch zugegen war, „ist dieser tagen ein schrecklich schelten / tumultuiren; Gotteslästern / schreien und bellen im Römer gehört worden“.[83] Am Ende gaben die patrizischen Ratsherren, sicherlich mürbe geworden durch zwei Wochen Hausarrest, nach und traten von ihren Ratssitzen zurück; die Erklärung vom 19. Mai 1614

[83] Diarium historicum (1617), S. 225.

unterzeichneten für die Zünfte an erster Stelle Vinzenz Fettmilch und für den Rat an erster Stelle der Ältere Bürgermeister, Johann Hartmann Beyer.[84] Wie dem Bericht weiter zu entnehmen ist, hatte der Ältere Bürgermeister, also Beyer, die Verhandlungen mit Fettmilch geführt, und man könnte spekulieren, dass Beyer auch bei der Hinrichtung Fettmilchs auf der Bank der Ratsherren gesessen hatte, die diesem gegenüber aufgestellt war (Abb. 8).

Allerdings hatte Beyer, der sich die Ehre des Amtes eines Älteren Bügermeisters wohl anders vorgestellt hatte, schon 1615 den Ratssitz aufgegeben[85] und widmete sich fortan wieder seiner Jugendliebe, den mathematischen Studien. Es ist jedenfalls auffällig, dass die Reihe seiner Herausgeberschaften medizinischer Werke im Jahr 1603 endete und er im gleichen Jahr noch zwei eigene geometrische Werke in den Druck brachte,[86] danach aber eine Pause bis zum Jahr 1619 eintrat, ehe er wieder eigene geometrische und mathematische Werke veröffentlichte.[87] Die Vermutung liegt nahe, dass seine Amtspflichten Beyer von dieser wissenschaftlichen Beschäftigung abgehalten haben. Er hatte allerdings auch in der Zwischenzeit weiterhin eifrig korrespondiert, diesmal aber nicht nur mit Medizinern, sondern auch mit Mathematikern, so mit Chris-

[84] Diarium historicum (1617), S. 230.

[85] Lersner, I, 1 (1707), S. 283.

[86] Stereometriae Inanium Nova Ratio. Frankfurt a. M. 1603 (VD17 23:289122L); Ein newe und schöne Art der Vollkommenen Visier-Kunst. Frankfurt a. M. 1603 (VD17 3:604169A u. VD17 547:658949Q).

[87] Conometria Mauritiana; Das ist Ein newer Stereometrischer Tractat von der lang-gesuchten unnd gewündschten Visierung deß vollen unnd lähren Stücks oder Theyls eines Weinfasses. Frankfurt a. M. 1619 (VD17 39:121355G); Logistica Decimalis. Das ist: KunstRechnung der Zehentheyligen Brüchen. Frankfurt a. M. 1619 (VD17 23:304296W); Kurtzer Bericht Von Zubereytung einer Visier-Ruthen auß einem geeichten Weinfaß. Zu Erläuterung deß 28. Capituls seiner Visierkunst; und 4. Capituls Conometriae Mauritianae. Frankfurt a. M. 1620 (VD17 39:121361H).

toph Clavius († 1612),[88] Mathematiker am Jesuitenkolleg in Rom, der den Zeitgenossen als ein zweiter Euklid galt, Johannes Faulhaber († 1635),[89] Stadtmathematiker und Feldmesser in Ulm, oder Franz Kessler aus Wetzlar († um 1650),[90] der zwar hauptsächlich als Maler tätig war, 1618 aber ein Buch über „Künstliche Rechenstäblein" in den Druck gegeben hatte,[91] ein Werk, für das sich auch Beyer interessierte und das in gewisser Weise in Konkurrenz zu seiner eigenen ‚Logistica decimalis' von 1619 stand.

In diese Zeit fruchtbarer wissenschaftlicher Tätigkeit[92] fällt auch die dritte Eheschließung mit Ursula Botzheim im Jahr 1621. Nur drei Jahre später, als beiden offensichtlich klar wurde, dass auch diese Ehe wie auch die beiden früheren mit Catharina Treudel und mit Clara Jacob kinderlos bleiben würde, haben sich die beiden entschieden, ihr gesamtes Vermögen in dem Testament von 1624 zu stiften. Von einer Krankheit des zu diesem Zeitpunkt 61 Jahre alten Beyer ist nichts bekannt; er starb ein Jahr darauf, am 1. August 1625, angeblich an der Pest[93] und wurde vermutlich auf dem Peterskirchhof begraben.[94] Seine Ehefrau Ursula überlebte ihn um fast fünfzehn Jahre, ehe auch sie am 25. Februar 1640 das Zeitliche segnete.[95]

[88] Nachlass, Ms. Ff. J. H. Beyer, A, Nr. 22–23, aus den Jahren 1608 und 1609.

[89] Ebd., Nr. 46, aus dem Jahr 1617.

[90] Ebd., Nr. 96–97, aus den Jahren 1622 und 1623.

[91] Vgl. dazu Pinl (2012).

[92] Vgl. dazu näher das sechste Kapitel.

[93] So die Angabe bei Lersner, I, 2 (1707), S. 59.

[94] Lersner, II, 2 (1734), S. 159, nennt unter den Epitaphien des St. Peters Kirchhof als das hundertste auch eines auf Johannes Beyerus, ohne dies allerdings abzudrucken. Damit ist nicht sicher, ob es sich um Johannes Hartmann Beyer handelte; da auf dem Peterskirchhof aber neben Händlern und Kaufleuten insbesondere auch Mediziner beigesetzt wurden, ist dies nicht ganz unwahrscheinlich. Leider ist der Friedhof 1828 aufgelassen worden; zahlreiche Grabsteine wurden entfernt oder sind vollkommen verwittert. Eine Übersicht der erhaltenen Grabsteine bietet die Internetseite www.peterskirchhof.de.

[95] Lersner, II, 2 (1734), S. 217.

Der Bestand zur Zeit der Inventarisierung

Beyer hat bei der Inventarisierung seiner Bücher neben dem Titel immer auch das Erscheinungsjahr und meistens auch den Erscheinungsort angegeben, manchmal, aber doch eher selten, auch den Drucker. In den Fällen, wo diese Angaben fehlen und die ungefähr zehn Prozent aller Titelaufnahmen ausmachen, haben sie wohl auch nicht in dem Werk selbst gestanden.[1] Zwischen den Drucken, zwar nicht als gesonderte Sachgruppe, aber durch den Zusatz *manuscriptum* oder *geschrieben* gekennzeichnet, sind auch Handschriften aufgeführt. Es sind allerdings mit 23 Handschriften nur wenige im Vergleich zur Gesamtzahl der Bücher; 17 davon sind Predigtentwürfe von Hartmann Beyer,[2] eine weitere enthält dessen eigene Aufzeichnungen über die Auseinandersetzungen mit dem Rat über das Interim.[3] Eine weitere Handschrift ist eben-

[1] Ein bezeichnendes Beispiel liefert das im Inventar, S. 40, als *Psalterium Hebraïcum* verzeichnete Buch. Es handelt sich dabei um eine 1494 in Brescia erschienene Bibel (GW 4200), die heute noch aus Beyers Besitz in der Frankfurter Universitätsbibliothek erhalten ist, allerdings unvollständig, nämlich nur mit dem Psalmenteil (Inc. hebr. 56; vgl. Ohly/Sack, Nr. 504). Vgl. dazu auch unten S. 103. Aus dem Titeleintrag ist zu schließen, dass schon in Beyers Bibliothek nur dieser Teil vorhanden war; von daher konnte er auch kein Erscheinungsjahr angeben.

[2] Inventar, S. 39f.

[3] *Liber manuscriptus, continens Miscellanea theologica, de Interim, adiaphoris, missa, coena Domini. Jtem, der H. Pfarrern zu Franckfurt entschuldigung, wieder D. Luthern, an den Rath vnd Gemeÿnd daselbst: i Martii: A° 1533. Item, was sich zu franckfurt, zwischen E. E. Rath vnd den predigern, wegen des Interims vnd der feiertagen, auch dahero entstandener M. Hartmanni Beÿers beurlaubung, Zugetragen: Annis 48. 49. 50. 53. Item, des von Minckwitz, vnd des von Venningen erinnerung, an Fridericum III Palatinum Electorem, wegen befahrender einreißung des Calvinismi. 1560. Item, Friderici III Elect. Palatini schreiben an E. E. Rath zu Fr. wegen des schmehung vff der Cantzel, der prediger alda. A° 1572* (Inventar, S. 12). Die Handschrift ist erhalten und befindet sich heute in der Frankfurter Universitätbibliothek unter der Signatur Ms. lat. oct. 132 (Beschreibung bei Powitz/Hager, 1988, S. 61–65).

falls unter den Theologica verzeichnet, die aus dem 15. Jahrhundert stammt und die heute noch in der Frankfurter Universitätsbibliothek aufbewahrt wird; sie enthält mehrere geistlich-erbauliche Schriften: *Manuscriptum, A.º 1452. Von der Pilgerschafft der Kinder Jsraëls vnd deren geÿstliche deutung. Vnd: betrachtung der vier letzten, sich fur sünden zu hüten. Vnd: von dem manerleÿ prinen in der hellen.*[4]

In der Gruppe der Mathematica sind vier weitere Handschriften aufgenommen. Es handelt sich dabei zum einen um zwei *Schriftenbücher* des Frankfurter Rechenmeister Simon Jacob († 1564),[5] wobei aus den Titeln nicht klar wird, ob hiermit Sammlungen von Musterschriften gemeint sind oder Manuskripte mit mathematischen Texten; da eine weitere Handschrift Simon Jacobs explizit als *geschriebn Visierbüchlin* bezeichnet wird,[6] ist vielleicht eher das erstere anzunehmen, zumal der Bruder, Pangratz Jacob († 1582), Ratsschreiber in Frankfurt war.[7]

[4] Inventar, S. 31. Frankfurt a. M., UB, Ms. germ. oct. 61. Es handelt sich dabei um den ‚Auszug der Kinder Israels' von Marquard von Lindau und weitere paränetische Texte. Beschreibung bei Weimann (1980), S. 153–155.

[5] *Eÿn schön teutsch Schrifftenbuch Simon Jacobs, von 10 blettern,* und: *Eÿn schön teutsch Schrifften buch: Simon Jacobs: von 55 blettern* (Inventar, S. 138 f.).

[6] *Eÿn geschriebn Visierbüchlin, Simon Jacobs. 1556* (Inventar, S. 144). Vielleicht handelt es sich hierbei um die Handschrift des Visierrutentraktats von Jacob, die heute in der Frankfurter Universitätsbibliothek unter der Signatur Ms. germ. qu. 151 erhalten ist. Diese ist allerdings auf 1559 datiert (vgl. Powitz/Hager, 1988, S. 39).

[7] Das von Simon Jacob 1557 in den Druck gegebene *Rechenbuch* (VD16 J 31) wurde nach seinem Tod um weitere Ergänzungen und um ein Visierbuch aus dem Nachlaß vermehrt 1574 von dessen Bruder, Pangratz Simon, herausgegeben (VD16 J 22). Pangratz Simon wurde 1559 zum Ratsschreiber und Notarius in Frankfurt bestellt, 1578 ebendort zum Stadtschreiber. Er starb 1582. Vgl. Lersner, II, 1 (1734), S. 834.

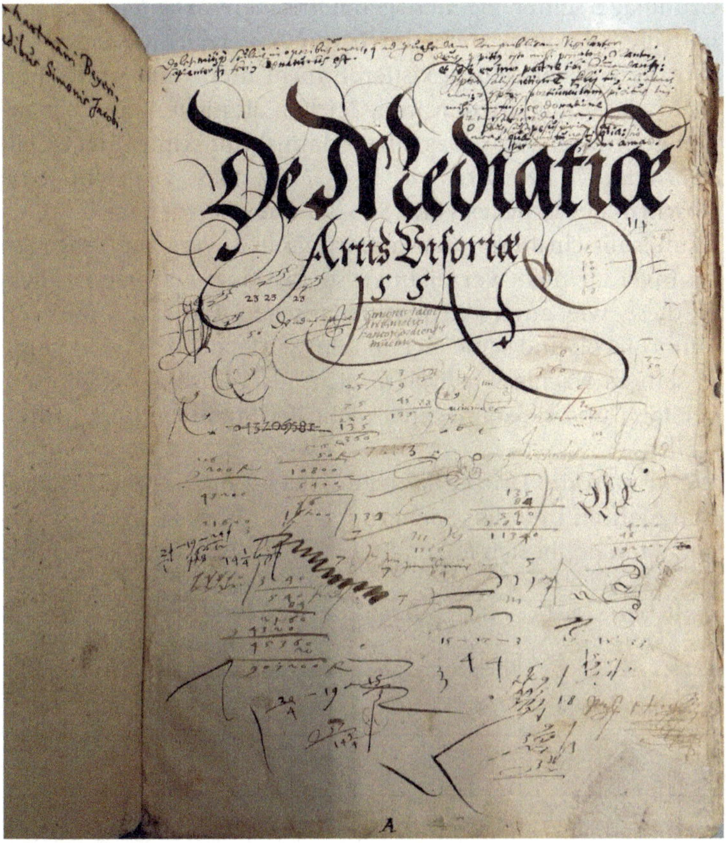

Abb. 1: Simon Jacob, Mathematisches Handbuch (Nachlass Beyer, Ms. Ff. J. H. Beyer, Erg. 1990, 1)

Johann Hartmann Beyer besaß noch weitere Handschriften und sonstige Entwürfe Jacobs (Abb. 1),[8] die er vielleicht zur

[8] ‚Mathematisches Handbuch', Nachlass Beyer, Ms. Ff. J. H. Beyer, Erg. 1990, 1. Das Handbuch ist aus mehreren Faszikeln mit Werken, Notizen und Zeichnungen Simon Jacobs und Johann Hartmann Beyers zusammengebunden. Im Nachlaß auch ‚Wie mann zu dem leerem thail der faß ein Ruethen zurichten soll' (Ms. Ff. J. H. Beyer, Erg. 1990, 2) mit handschriftlichen Notizen Beyers (f. 9r–12v).

Grundlage seiner eigenen geometrischen Arbeiten gemacht hat, die allerdings nicht im Inventar verzeichnet sind. Die Schriftenbücher selbst existieren nicht mehr und sind schon im Inventar mit einem Minus-Zeichen als nicht mehr vorhanden gekennzeichnet. Das letzte Manuskript schließlich ist ein *Lauttenbuch, geschrieben. A.º 1579,* das vielleicht eine Abschrift des Druckes von 1556 ist.[9] Die oben genannten Vorlesungsmitschriften Johann Hartmann Beyers sind dagegen im Inventar nicht verzeichnet, so dass anzunehmen ist, dass er diese wie auch die mathematischen Handschriften von Simon Jacob und seine eigenen Entwürfe, die sich noch heute in seinem Nachlass befinden, nicht als Teil seiner Bibliothek verstand und sie somit auch nicht der Stadtbibliothek stiften wollte.

Wenn man die Drucke jahrzehnteweise nach ihren Erscheinungsjahren und den Sachgruppen von Beyers Inventar ordnet, dann ergibt sich folgende Verteilung der Exemplarzahlen:

	Theologie	Medizin	Mathematik	Jura	Grammatik	Poesie	gesamt pro Jahr	Bestand gesamt
1480–1490	2	4	2	4	3	2	17	17
1491–1500	—	5	3	3	5	9	25	42
1501–1510	1	4	5	10	11	10	41	83
1511–1520	4	7	11	16	15	7	60	143
1521–1530	48	7	11	6	12	5	89	232
1531–1540	76	13	62	15	49	21	236	468
1541–1550	161	35	64	16	20	5	301	769

[9] Inventar, S. 131. Abschrift vielleicht von: *Lautten Bůch von mancherley schoͤnen vnd lieblichen stucken mit zweyen Lautten zůsamen zeschlagen. Straßburg, 1556* (VD 16 H 906).

	Theologie	Medizin	Mathematik	Jura	Grammatik	Poesie	gesamt pro Jahr	Bestand gesamt
1551–1560	233	26	67	22	15	9	371	1.141
1561–1570	196	17	21	19	11	10	274	1.415
1571–1580	111	40	12	18	12	10	203	1.618
1581–1590	12	110	13	9	11	1	156	1.773
1591–1600	20	124	21	34	11	1	211	1.984
1601–1610	27	100	34	42	10	1	214	2.198
1611–1620	16	37	32	34	1	1	121	2.319
1621–1630	3	7	—	8	—	—	18	2.337
gesamt	910	536	358	256	18	91	2.337	

Abb. 2: Erscheinungsjahre und Zahl der Drucke in Beyers Besitz nach Jahrzehnten geordnet

Wenn man als Hypothese einmal voraussetzt, dass das Erscheinungsjahr der jeweiligen Drucke auch gleichzeitig oder zumindest zeitlich nahe auch das Erwerbsjahr durch die beiden Sammler ist, dann kann man anhand der Druckjahre auch die ungefähre Erwerbschronologie nachvollziehen. Damit bliebe zwar zu erklären, wie die vor dem Studienbeginn von Hartmann Beyer im Jahr 1534 erschienenen Drucke in die Bibliothek gekommen sind. Will man nicht annehmen, dass sie schon im Besitz von dessen Vater, dem Tuchweber Wilhelm Beyer, gewesen sind, dann müssen sie zu einem späteren Zeitpunkt von den beiden erworben worden sein; wie man aus dem Briefwechsel von Johann Hartmann Beyer weiß, hat

dieser sich ja zu Beginn seines Studiums wohl auch ältere medizinische Lehrwerke besorgen lassen. Außerdem kann anhand einiger Drucke, die sich in der Frankfurter Universitätsbibliothek erhalten haben, nachvollziehen, wie und wo ein solcher späterer Erwerb vonstatten gegangen ist.[10] Da es bei diesen vor 1530 erschienenen Drucken um ungefähr 250 Werke und damit etwa ein Zehntel des Gesamtbestandes geht, werden diese das Bild einer über die Druckjahre rekonstruierten Erwerbschronologie im Wesentlichen aber nicht verfälschen; es soll also im Folgenden *grosso modo* von der genannten Hypothese ausgegangen werden.
Man sieht an der Tabelle in Abbildung 2, dass die Gesamtzahlen der Erwerbungen pro Jahrzehnt bis ins sechste Jahrzehnt des 16. Jahrhunderts kontinuierlich ansteigen, um dann bis ins achte Jahrzehnt wieder abzufallen; danach steigen sie wieder auf einen Zwischenhöhepunkt um 1600 und nehmen dann ab; nach 1621 sind nur noch achtzehn Exemplare aus diesen Druckjahren vorhanden. In der folgenden Graphik ist die rasche Zunahme des Bestandes von 1535 an durch die große Zahl von jährlichen Erwerbungen an der großen Steigung des Graphs für den Gesamtbestand direkt abzulesen. Ab 1560 steigt der Bestand dann nicht mehr so stark, um gegen das Jahr 1590 wieder etwas stärker zuzunehmen und dann etwas weniger zu wachsen; ab 1610 ist dann nur noch ein verhältnismäßig geringer Zuwachs zu verzeichnen.

[10] Vgl. dazu das folgende Kapitel.

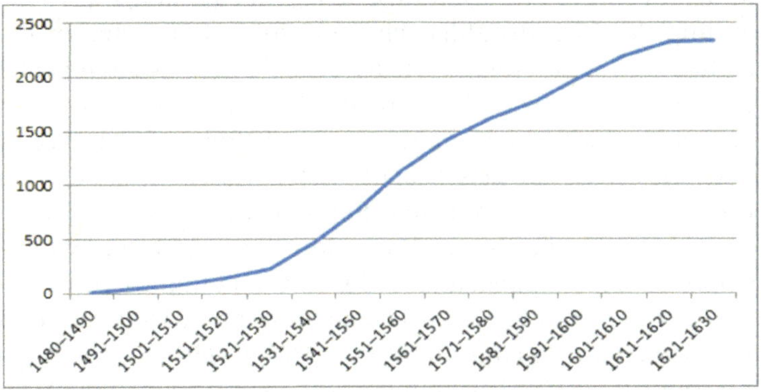

Abb. 3 Gesamtzahl des Bestandes nach Jahrzehnten geordnet

Noch deutlicher werden diese unterschiedlichen Geschwindigkeiten im Bestandszuwachs dann, wenn man sich auf die Erwerbungen pro Jahrzehnt konzentriert.

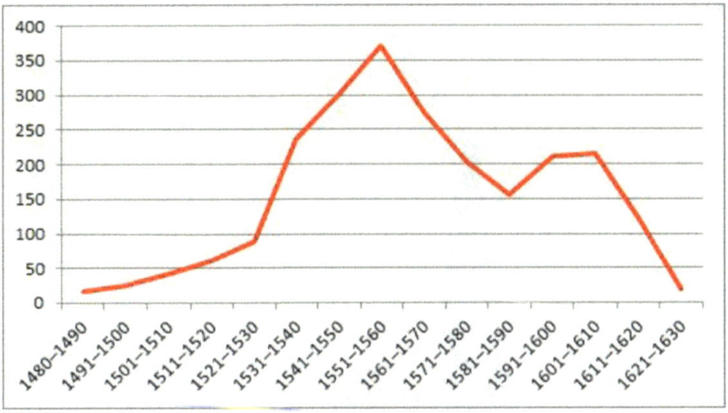

Abb. 4 Bestandszunahme nach Jahrzehnten geordnet

Auch hier ist wieder der rasante Anstieg, diesmal aber nicht der Bestandszahlen insgesamt, sondern der jährlichen Erwerbungen von 1535 bis 1560 zu sehen, dem eine stetige Verminderung der Erwerbszahlen bis 1585 folgt. Dann steigen die Zahlen der Erwerbungen wieder bis zu einem zweiten Gipfel um 1600 an, um dann bis Mitte der 1610er Jahre konstant zu bleiben und Mitte der 1620er Jahre auf Null zu fallen. Wenn man dies nun mit den Lebens-, oder besser: Studien- und Erwerbsjahren von Vater und Sohn korreliert, also mit dem Beginn des Studiums von Hartmann Beyer 1534 in Wittenberg und seiner Tätigkeit als Prädikant in Frankfurt von 1546 bis zu seinem Tod 1577, sowie dem Studium in Straßburg und Tübingen von Johann Hartmann Beyer seit 1579, seinem Amtsantritt als Physicus ordinarius in Frankfurt im Jahr 1589 sowie seiner Tätigkeit im Frankfurter Rat von 1612 bis 1615, dann ist augenfällig, dass der erste Gipfel in die Amtstätigkeit des Vaters als Prädikant und der zweite in die Amtstätigkeit des Sohnes als städtischer Arzt fällt. Diese Übereinstimmung wird noch augenfälliger, wenn man die Druckjahre, sprich nach obiger Hypothese: die Erwerbsjahre, nach den Sachgebieten des Inventars ordnet, wie es die folgende Graphik veranschaulicht.

Abb. 5 Sachgruppen nach Jahrzehnten geordnet

Deutlich ist hier zu sehen, dass es die Theologica sind, die den ersten und zugleich höchsten Gipfel der Erwerbschronologie bilden. Man kann also davon ausgehen, dass der Vater Hartmann Beyer mit dem Beginn seines Studiums angefangen hat, theologische, insbesondere reformatorische Schriften zu kaufen oder dass sie ihm von seinen Lehrern und Mitschülern in Wittenberg geschenkt wurden.[11] Mit seiner Predigertätigkeit in Frankfurt nimmt die Erwerbstätigkeit rasant zu, um dann bis zu seinem Tod 1577 wieder abzufallen. Im Auge zu behalten ist dabei selbstverständlich immer, dass die Verminderung der Zahl der Zukäufe nicht bedeutet, dass sich auch der Bestand vermindert; im Gegenteil, er wächst weiter, nur nicht mehr mit der großen Geschwindigkeit wie zuvor. Insgesamt enthält die theologische Abteilung bei Hartmann Beyers Tod 832 datierte Drucke, wie aus der obigen Tabelle in Abbildung 2 zu entnehmen ist.

Die theologische Sammlung Hartmann Beyers ist, wie nicht anders zu erwarten, grundsätzlich lutherisch geprägt. Dies zeigt schon allein das Übergewicht der Schriften Luthers, die mit 112 Drucken mehr als ein Zehntel der Theologica ausmachen. Die Spanne reicht dabei von der Bibelübersetzung Luthers, die gleich dreifach vorhanden ist,[12] über seine Werk-

[11] Vgl. dazu das folgende Kapitel.

[12] *Bibel, teutsch. D. Lutheri. Franckfurt, bei Feirabendt, A° 1561; Bibel, teutsch. D. Luth. Franckfurt, bei Feirabend, A° 1570; Bibel, teutsch. D. Luth. Franckfurt, bei Christian Egenolphs erben. A° 1576* (alle Inventar, S. 2).

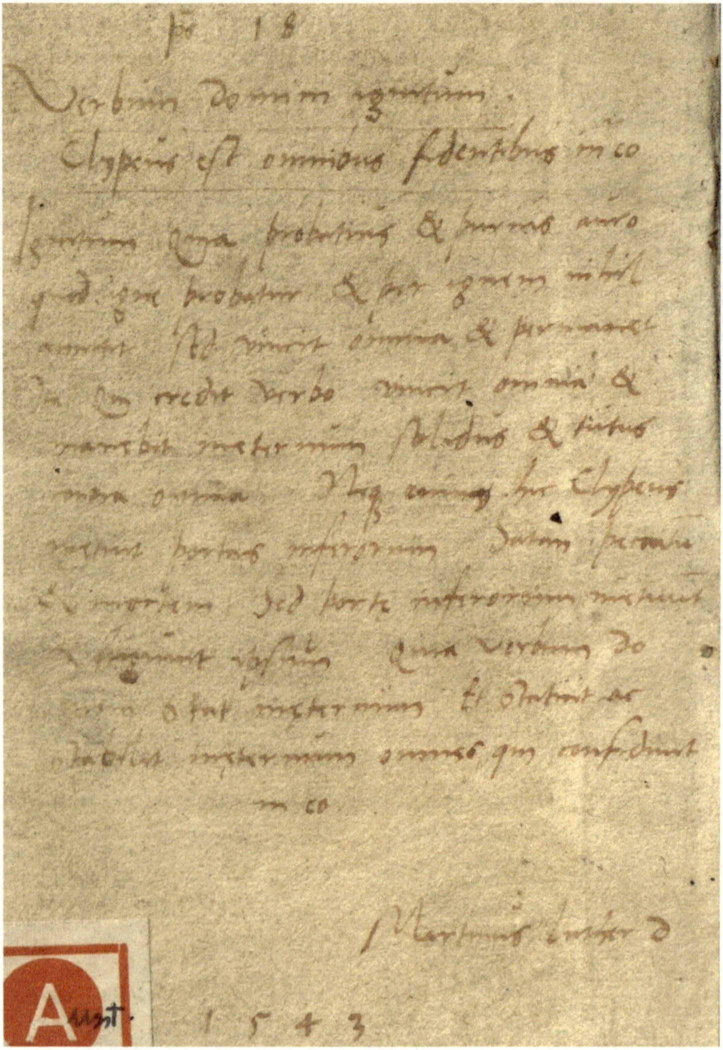
Ps 18
Verbum domini ignitum.
Clypeus est omnibus fidentibus in eo
Martinus Luther D
1543

Abb. 6 Martin Luther,
autographer Kommentar zu Psalm 18, 31 als Widmung
(Ausst. 229, Vorderspiegel; Luther, Psalmenkommentare)

ausgaben in Lateinisch[13] und Deutsch,[14] seinen Katechismus,[15] die religionspolitischen Werke[16] bis zu seinen Erziehungsschriften.[17] Eine Ausgabe der Psalmenkommentare stammt aus dem Besitz Luthers selbst, so dass angenommen werden kann, dass sie Hartmann Beyer von Luther als Geschenk erhalten hat (Abb. 6).[18]

Zu Beyers unnachgiebiger Haltung in Fragen des Interims passt, dass mit 81 Drucken den zweiten Platz die Werke von Matthias Flacius Illyricus († 1575) einnehmen, der nach seinem Weggang aus Wittenberg 1549 in Magdeburg Kopf der ‚wahren Lutheraner' wurde, die jede Annäherung in der Frage der Adiaphora ablehnten und damit zum Gegner Melanchthons wurden; die Auseinandersetzung des Flacius mit seinen

[13] *Tomus I operum Lutheri: latin. Wittemb. A° 1545. Hoc continentur scripta primi triennii, a mota controversia de Indulgentiis: ab A° 1517, usque ad An. 1520; Tomus II operum Lutheri: latin. Wittemb. A° 1546. Hoc continentur scripta, ab A° 1520, usque ad An. 1527 edita; Tomus IV operum Lutheri: latin. Wittemb. A° 1552. Eo continentur ennarationes in Ecclesiasten, Cantica,. Esaïam, Ezechielem, Danielem, et in Prophetas minores; Tomus V operum Lutheri: latin. Wittemb. A° 1554. Eo continentur enarrationes in Matthaei aliquot capita; in Johannem; in priorem Paulli ad Corinth. in epist. ad Galatas; in duas S. Petri; in epistolam Judæ; in Zachariam* (alle Inventar, S. 4).

[14] *Der Erste theÿl der Bücher Lutheri: teutsch. Wittemb. A° 1551. über etliche Episteln der Aposteln; Der ander theÿl der Bücher Lutheri: teutsch. Wittemb. A° 1548. darinn die Streittschriften vnd Sendbrive an Fürsten vnd Stätte, wieder allerleÿ Secten; Der dritte theÿl der Bücher Lutheri: teutsch. Wittemb. A° 1550. darinn die auslegungen der vornembsten psalmen; Der fünffte theÿl der Bücher Lutheri: teutsch. Wittemb. A° 1552. hierin ist die außlegung Genesis, partis Exodi, vnd ettliche propheten* (alle Inventar, S. 4).

[15] *Der kleÿn Catechismus Lutheri. Franckf. 1553* (Inventar, S. 8).

[16] *Luther, wieder die von hertzog Georg zu Sachsen ihme zugemeßene vffruhr: sampt eÿm trostbrief an die auß Leipzig verjagten. 1533* (Inventar, S. 16).

[17] *Von Ehesachen: Lutherus. A.° 1530* (Inventar, S. 20).

[18] *Lutheri comm. in XV psalmos graduum: á ps.° 120, ad 134^{m}. A.° 1542* (Inventar, S. 42). Ex. Ausst. 229.

diversen Gegnern in der Frage des Interims,[19] des Abendmahls,[20] der Gnadenlehre[21] und anderen Punkten ist in der Beyerschen Sammlung sehr gut dokumentiert. Von Melanchthon dagegen, von dem Beyer 41 Drucke besaß, finden sich hauptsächlich seine Bibelkommentare[22] und seine ‚Loci theologici',[23] in geringerer Zahl nur seine Schriften zu den wesentlichen theologischen Streitfragen.[24] Andere häufig vertretene Autoren sind Calvin mit 15 Drucken und Joachim Westphal († 1574) mit 17 Drucken; letzterer hatte von Hamburg aus gegen Calvin in der Abendmahlfrage Stellung genommen, wobei er in Hartmann Beyer und dem Frankfurter Drucker Peter Braubach († 1567) starke Unterstützung fand.[25] Thematisch hat Beyer offensichtlich besonders der Abendmahlstreit interessiert, zu dem er allein 70 Drucke besessen hat, gefolgt von den Schriften zu den Adiaphora mit 24 Drucken. Aber auch alle anderen theologischen Streitfragen, wie etwa diejenigen

[19] *Scripta et epistolæ, de Interimistis: edente Illyrico. 1550* (Inventar, S. 56); *Von Beßerung des Canonis, vnd Stillmessen. Illyr. 1550* (Inventar, S. 33).

[20] *Demonstrationes 30 presentiæ Christi in coena. Illyr. 1565* (Inventar, S. 50); *Apologia M. Fl. Illyrici, pro suis 30 demonstrationibus, in re Sacramentaria: contra Beza cavillos. A.° 1566* (Inventar, S. 53).

[21] *Illyricus de Voce et Re fidei: et, quod SOLA fides justificat. 1549* (Inventar, S. 59); *Illyricus de Peccato originali, et libero arbitrio. 1559* (Inventar, S. 60).

[22] *In Danielem: comm. Melanchthonis. A.° 1543* (Inventar, S. 41); *In psalmos aliquot Davidicos, enarrationes Melanchthonis. Item, psalmi aliquot, carminibus redditi, ab eodem, et aliis. Hagenoae: 1535* (Inventar, S. 42); *Scholia in Proverbia Salomonis. Ph. Melanch. A.° 1551. et A.° 1555* (Inventar, S. 43).

[23] *Loci theologici Ph. Melanchthonis. Lipsiæ: A.° 1546 et 1535; Loci theologici Ph. Melanchthonis. Wittembergæ. A.° 1543* (Inventar, S. 46).

[24] *Bucerus, Melanchthon, Brentius, et Boquinus, de S. coena. 1560* (Inventar, S. 51).

[25] Vgl. von Schade (1981).

zur Erbsünde,[26] der Gnadenlehre,[27] der Hölle,[28] und selbstverständlich über die falsche Lehre der Papisten,[29] sind vorhanden, meistens in mehrfachen Ausgaben. Insgesamt ist die Bibliothek Hartmann Beyers so reich an Schriften und Gegenschriften der theologischen und religionspolitischen Auseinandersetzungen des 16. Jahrhunderts, dass man wohl allein auf ihrer Basis eine Geschichte der Reformation schreiben könnte.

Bei den weiteren 78 Drucken, die nach seinem Tod noch in die Bibliothek Johann Hartmann Beyers gelangt sind, handelt es sich in der Hauptsache nicht um spezifisch theologische Werke, sondern um Drucke allgemeiner Lebensführung[30] oder der Glaubenslehre,[31] vielleicht auch um Widmungsexemplare des Vormunds Matthias Ritter († 1588)[32] oder des Rothenburger Kollegen Andreas Libavius († 1616).[33] Auch einige Drucke zu den kirchenpolitischen Angelegenheiten in Frankfurt sind vorhanden, die vielleicht eher der Ratstätigkeit

[26] *Von der Erbsünd: wieder ettlich Eißlebische predicanten. 1573* (Inventar, S. 22).

[27] *M. Otho Corberus: quod SOLA fides justificet. 1548* (Inventar, S. 59).

[28] *Wie es nach Christi zukunfft im himmel, vnd der höll gehen werd.* (Inventar, S. 62).

[29] *Wahr Zeÿchen, daß der Papisten lehr vnrecht, der Euangelischen recht sei. Matth. Fl. Illyricus. Magdenburg: 1550* (Inventar, S. 13).

[30] *Vom Tod vnd absterben des Menschen. Moses Pflacher. Fr. 1582. Reÿs in die Morgenländer Leonhard Rauwolffs. Fr. 1582* (Inventar, S. 13); *Ehespiegel: Comedia von der kinder zucht vnd verheuratung. Tho. Birck. 1598* (Inventar, S. 31); *Außlegung ettlicher Trostspruche; Hieron. Welleri. Franckf. 1592 (Inventar, S. 48); Praxis Euangeliorum Dominicalium, et, festorum: oder postill Martini Melleri: in IV tomis. Görlitz. A.° 1603* (Inventar, S. 44).

[31] *Der Psalter Davids, sampt der Außlegung: Lucae Osiandri. 1595* (Inventar, S. 35); *Erclärung der Offenbahrung St. Johannis: M. Joh. Funckii. 1596; Außlegung der Offenbahrung St. Johannis: Georgii Nigrini. 1593* (Inventar, S. 35); *Vom Brodbrechen, Decalogi ergänzung Bildern. D. Jere. Vietor. 1605* (Inventar, S. 29); *Index Biblicus, Paulli Torsani. Hanoviae. 1624* (Inventar, S. 10).

[32] *Vom H. Abendmal, 27 predigten: Matthiae Ritteri. Franckf. 1584* (Inventar, S. 28).

[33] *Analysis Colloquii Ratisponensis, de Judice controversiarum FIDEI: Andreae Libavii, Medici. Francof. A° 1602* (Inventar, S. 32).

Johann Hartmann Beyers zu verdanken sind.[34] Ein spezifisches theologisches Interesse wie bei seinem Vater wird man Beyer also nicht unterstellen wollen.
In gleicher Weise wird sich auch der Vater Hartmann Beyer nicht für die Medizin interessiert haben; es war ja, wie beschrieben, auch für den Sohn vorgesehen, dass dieser die Predigerlaufbahn ergreifen sollte. Infolgedessen kann wohl angenommen werden, dass alle in der Bibliothek vorhandenen medizinischen Werke, die vor dem Studienbeginn Johann Hartmann Beyers gedruckt worden sind, von diesem später erworben wurden; kennzeichnenderweise handelt es sich dabei mit den Werken des Hippokrates[35] und Galens (Abb. 7)[36]

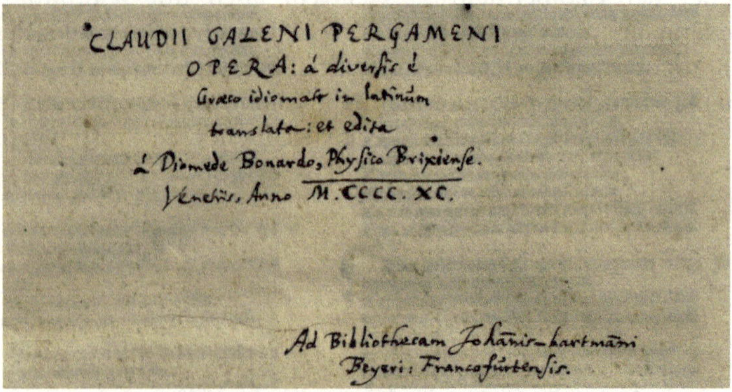

Abb. 7 Titel und Besitzeintrag von der Hand Beyers
(Inc. fol. 148; Galen, Opera)

[34] *Von ärgerlicher verstattung etlicher Judischen Ceremonien zu Hanau. 1617; Ob den Reformirten in Franckf. eÿn kirche zu gestatten, etc. 1615; Antwort vff D. Marxen zum Lamb Invectivam, wieders Ministerium zu Franckfurt. M. Danielis Schadæi. A.° 1593* (Inventar, S. 29).

[35] *Jacobi Forlieviensis Commentarii, in aphorismos Hippocratis, cum quæstionibus. Venetiis. A.°* 1490 (Inventar, S. 71); *Hippocratis Præsagiorum libri III. et, de Acutorum victu, libri IV. Guil. Copo interprete. Parisiis: A.° 1511* (Inventar, S. 86); *Hippocratis Opera, Graecé. Basileæ A.° 1538* (Inventar, S. 68).

[36] *Galeni Opera: edita á Diomede Bonardo, Physico Brixiense. Venet. 1490* (Inventar, S. 70*); Galenus: de diff. morb. lib. II. de inæquali intemperie liber I: de arte curandi ad Glauconem libri II. de crisibus, libri III. Nic. Leoniceno interprete. Parisiis: A.° 1514* (Inventar, S. 86).

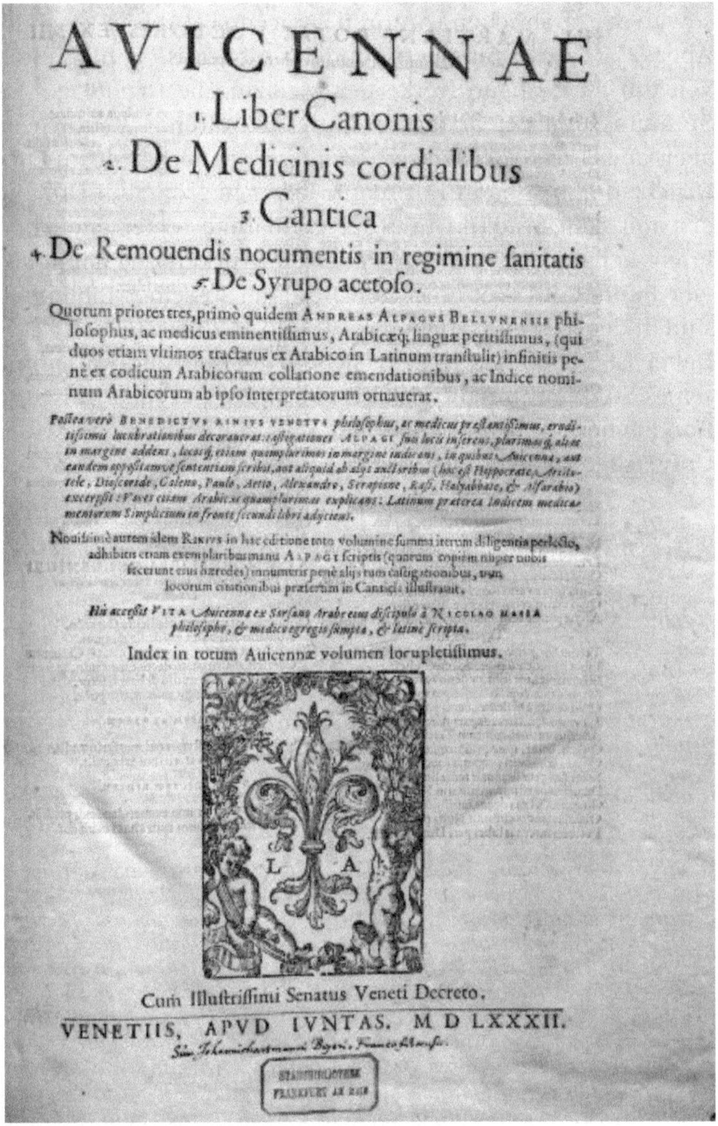

AVICENNAE

1. Liber Canonis

2. De Medicinis cordialibus

3. Cantica

4. De Remouendis nocumentis in regimine ſanitatis

5. De Syrupo acetoſo.

Quorum priores tres, primò quidem ANDREAS ALPAGVS BELLVNENSIS philoſophus, ac medicus eminentiſſimus, Arabicæq; linguæ peritiſſimus, (qui duos etiam vltimos tractatus ex Arabico in Latinum tranſtulit) infinitis penè ex codicum Arabicorum collatione emendationibus, ac Indice nominum Arabicorum ab ipſo interpretatorum ornauerat.

Poſtea verò BENEDICTVS RINIVS VENETVS *philoſophus, ac medicus præſtantiſſimus, erudiſſimis lucubrationibus decorauerat: caſtigationes* ALPAGI *ſuis locis inſerens, plurimasq; alias in margine addens, locosq; etiam quamplurimos in margine indicans, in quibus Auicenna, aut eandem oppoſitamve ſententiam ſcribit, aut aliquid ab alijs auctoribus (hoc eſt Hippocrate, Ariſtotele, Dioſcoride, Galeno, Paulo, Aetio, Alexandro, Serapione, Raſi, Halyabbate, & Alfarabio) excerpſit: Voces etiam Arabicas quamplurimas explicans: Latinum præterea Indicem medicamentorum Simplicium in fronte ſecundi libri adijciens.*

Nouiſſimè autem idem RINIVS in hac editione toto volumine ſumma iterum diligentia perlecto, adhibitis etiam exemplaribus manu ALPAGI ſcriptis (quarum copiam nuper nobis fecerunt eius hæredes) innumeris penè alijs tum caſtigationibus, tum locorum citationibus præſertim in Canticis illuſtrauit.

His acceſſit VITA *Auicennæ ex Sorſano Arabe eius diſcipulo à* NICOLAO MASSA *philoſopho, & medico egregio ſumpta, & latinè ſcripta.*

Index in totum Auicennæ volumen locupletiſſimus.

L A

Cum Illuſtriſſimi Senatus Veneti Decreto.

VENETIIS, APVD IVNTAS. M D LXXXII.

Abb. 8 Titelblatt mit Besitzeintrag Beyers
(Auct. Med. A 3; Avicenna, Liber canonis)

sowie der arabischen Autoren Avicenna (Abb. 8),[37] Haly Abbas,[38] Rhazes,[39] Serapion[40] und des Albucasis[41] zum größten Teil um die Standardwerke der Medizin, die Grundlage des Studiums und der ärztlichen Tätigkeit waren.[42] Deutlich ist aber auch, dass der Erwerb zeitgenössischer medizinischer Drucke durch Johann Hartmann Beyer in größerem Umfang erst mit dem Studium und der Aufnahme seiner ärztlichen Praxis beginnt; 418 von 536 datierten Drucken und damit fast vier Fünftel des medizinischen Bestands in seiner Bibliothek sind in den Jahren zwischen 1570 und 1625 erschienen.

Dabei ist auffällig, wie sehr sich Beyer seit der Aufnahme seines Studiums um die Komplettierung seiner medizinischen Handbibliothek bemühte. In der medizinischen Fakultät der Universität Tübingen hatte sich Leonhart Fuchs († 1566) seit

[37] *Avicennæ Canonis liber quartus, et quinctus: item de viribus cordis. 1490. Avicennæ Cantica, cum comm. Averrhoïs. Venetiis: 1484* (Inventar, S. 71).

[38] *Haly_abbatis Libri X medicinæ theoricæ, et totidem practicæ. Venetiis: A.° 1492* (Inventar, S. 71).

[39] *Abubetri Rhazæ Maomethi, de re Medica, ad Mansorem, libri X. Et, liber de Peste: item, de morborum speciebus, et curandi methodo tractatus et cui Antidotarium subiunctum est, varia continens medicamenta composita. De arthritide. De infantum morbis. Aphorismorum libri VI. Antidotarium compositorum medicamentorum, et multorum oleorum. De calculi prophylaxi. De sectionibus, cauteriis, et cucurbitulis. De facultatibus specificis partium animalium. Bas. 1544* (Inventar, S. 71).

[40] *Johannis Serapionis Practica, de curatione morborum internorum, et externorum. De medicamentis compositis. Nomenclator. De Simplicium qualitatibus primis, secundis, tertiis, eorumque materia, è plantis, mineralibus, animalibus. Libellus Galeno adscriptus, de mirandis centaurii viribus ad Papiam. Johannis Platearii Salernitani, Practica. Venetiis: A.° 1530* (Inventar, S. 71).

[41] *Albucasis Cheirurgiæ libri III, cum instrumentis depictis. Item: Rolandi, de curatione morborum internorum, et externorum, libri IV. Et: Rogerius, de Phlebotomia. Et: Constantinus Africanus, de membris principalibus corporis humani: de Elephantiasi: de medicinis ex animalibus. Antonius Gazius, de cautione circa purgantia. Basil. 1541* (Inventar, S. 71).

[42] Vgl. dazu Eberlein (2010), bes. S. 269-273 zu der medizinischen Bibliothek von Andreas Planer, dem medizinischen Lehrer Beyers.

seiner Berufung daran gemacht, den noch von den mittelalterlich-arabischen Autoren geprägten Lehrplan von 1497[43] zu reformieren; mit dem neuen Lehrplan gelang es ihm im Jahr 1538,[44] den Einfluß der *medicae Arabistae* weitgehend zurück zu drängen und stattdessen sein Ideal einer Rückkehr zu den antiken Autoritäten des Hippokrates und Galen auch institutionell zu verankern.[45] Las man bis zu Fuchsens Reform des Studienplans noch die ‚Techné' Galens sowie Auszüge aus den hippokratischen Aphorismen, ansonsten aber ausschließlich einzelne Kapitel („Fen") aus dem Standardwerk der arabischen Medizin, dem ‚Canon' des Avicenna, und den ‚Almansor' des Rhazes, und für die Chirurgie wieder die dritte Fen aus dem vierten Buch des ‚Canon' sowie *per facultatem* die Chirurgie des Albucasis, so waren es jetzt, „weil die Regeln der [ärztlichen] Kunst aus den Quellen" (*artis praecepta a fontibus*) gezogen werden sollen,[46] ausschließlich die Werke von Hippokrates und Galen, die im Einzelnen aufgezählt werden, sowie die Pflanzenkunde des Dioscurides. Daneben sollte auch die Pflanzenkunde durch eigene Betrachtung betrieben werden; nur wenn es von den Studenten verlangt wurde, durfte auch noch Avicenna und Rhazes gelesen werden.

[43] Das Vorlesungsprogramm der Tübinger medizinischen Fakultät von 1497 ist abgedruckt bei Rudolph von Roth (Hg.), Urkunden zur Geschichte der Universität Tübingen aus den Jahren 1476 bis 1550. Tübingen 1877, S. 303–304.

[44] Abgedruckt bei Roth (Anm. 43), S. 311f. Vgl. dazu auch Eberlein (2010), S. 278f.

[45] Vgl. dazu Peter Dilg, Leonhart Fuchs: Arzt – Botaniker – Humanist. In: Ulrich Köpf, Sönke Lorenz u. Dieter R. Bauer (Hgg.), Die Universität Tübingen zwischen Reformation und Dreißigjährigem Krieg. Festgabe für Dieter Mertens zum 70. Geburtstag (Tübinger Bausteine zur Landesgeschichte 14). Ostfildern 2010, S. 235–248, hier S. 240.

[46] Roth (Anm. 43), S. 311.

Tatsächlich schaffte sich Beyer in den achtziger Jahren zahlreiche Ausgaben und Kommentare verschiedener hippokratischer[47] und galenischer[48] Schriften an, darunter auch die Ausgaben seines akademischen Lehrers Andreas Planer († 1606),[49] vor allem aber die Werke von Leonhart Fuchs selbst.[50] Auch die neue Ausgabe des Dioscurides durch Pietro Andrea Mattioli († 1577) besaß er.[51] Über die Vorlesungen an der Tübinger medizinischen Fakultät und die dabei behandelten Autoren ist man wiederum durch den Briefwechsel Beyers selbst gut informiert.[52] Die Professoren hielten sich weitgehend an den Lehrplan und lasen über die entsprechenden Schriften Galens und Hippokrates'; Ausnahmen sind nur die anatomischen Vorlesungen, in denen nicht Vesals Standardwerk ‚De humani corpore fabrica' zugrunde gelegt wurde (das

[47] *Gabrielis Falloppii* [...] *Comm. in librum Hippocratis de vulneribus capitis* [...] *Francof. A.° 1584* (Inventar, S. 79); *Aphorismorum Hippocratis nova dispositio: Achillis Gassarii á Conr. Gesnero illustrata. Item: de diebus criticis, adversus Corn. Celsum: Joh. Morisotus. Item: catalogus Scriptorum, in Hippocratis opera exstantium. Item: Conr. Gesneri perioche libri tertii Galeni, de Temperamentis, hoc est, primis medicamentorum facultatibus. Item: alia quædam, de simplicibus medicamentorum facultatibus: Sangalli: 1584* (Inventar, S. 111).

[48] *Gabrielis Falloppii* [...] *Comm. in librum Galeni de ossibus* [...] *Francof. A.° 1584* (Inventar, S. 79); *Jacobi Hollerii Practica morborum internorum: cum scholiis ejusdem Hollerii, et Ludovici Dureti, et Antonii Valetii. Item: de Febribus, de Peste; de remediis topicis, in Galeni libros. Et, de materia cheirurgica. Lugd. 1587* (Inventar, S. 111).

[49] *De Methodo medendi: ubi commentarius capitis 89 artis parvæ Galeni. Auctore Andreâ Planero. Basil. 1583* (Inventar, S. 111).

[50] *Institutionum medicinæ libri V: Leonh. Fuchsii. Bas. 1583* (Inventar, S. 110); *Leonharti Fuchsii, Plantarum eicones, et nomina græca, latina, gallica, italica, et germanica. Lugd. A.° 1549* (Inventar, S. 128); *De Stirpium historia: Commentarii Leonh. Fuchsii. Paris. 1546* (Inventar, S. 119); *Dispensatorium Leonharti Fuchsii. Lugduni. A.° 1563* (Inventar, S. 127).

[51] *Petri Andreæ Matthioli comm. in libros VI Dioscoridis, de Medica materia, cum imaginibus plantarum et animalium. Ejusdem apologia, adversus Amatum Lusitanum, et censura in hujus enarrationes. Venetiis. A.° 1559* (Inventar, S. 72).

[52] Der Briefwechsel ist für das medizinische Studium in Tübingen ausgewertet von Eberlein (2010), S. 279–285.

Beyer in der Tat nicht besaß), sondern das darauf beruhende Werk von Felix Platter (das sich Beyer wohl zeitnah anschaffte,[53] ebenso die in der Vorlesung angesprochenen Schriften von Gabriele Falloppio,[54] dem sein Lehrer, wie sich Beyer notierte, besonders eng folgte[55]). Daneben wurde Beyer in den Vorlesungen zum Studium der neuesten medizinischen Veröffentlichungen angeregt, die er sich, wie schon zu Anfang seines Studiums, von seinem Vormund Matthias Ritter beschaffen ließ,[56] darunter auch die Werke von Jean Fernel († 1558),[57] Jacques Houllier († 1562),[58] Nicolas LePois (1590)[59] und anderen.

Im Gegensatz dazu erwarb Beyer seit seinem Studium zumindest keine neueren Ausgaben der arabischen und mittelalterlichen Autoren, sieht man einmal ab von dem in Tübingen noch geduldeten Avicenna[60] und von Arnald von Villanova

[53] *Anatomia Felicis Plateri: Basileensis professoris. A.° 1583* (Inventar, S. 78).

[54] *Gabrielis Falloppii tractatus, de Purgantibus simplicibus: de Asparagis: de Compositione medicamentorum: de Aquis medicatis: de Metallis et fossilibus: Anatomicæ observationes, et institutiones: Comm. in librum Galeni de ossibus: Observationes de Venis: de Cauteriis: Comm. in librum Hippocratis de vulneribus capitis: de Ulceribus: de Tumoribus preter naturam: de Gallico morbo. Francof. A.° 1584* (Inventar, S. 79).

[55] Eberlein (2010), S. 282.

[56] Eberlein (2010), S. 284f.

[57] *Joh. Fernelii, libri Physiologici VII, et totidem Pathologici. 1581; Joh. Fernelii, Therapeutices universalis libri VII. Ejusdem, febrium curandarum methodis generalis. Ejusdem liber, de Lue venerea. 1581; Ejusdem, de Abditis rerum caussis, libri II. Franc. A.° 1581* (Inventar, S. 110),

[58] *Practica morborum particularium, febrium, et pestis, Jacobi Hollerii: cum notis ejusdem, et Ludovici Dureti, nec non Antonii Valetii. Idem Hollerius, de remediis localibus Galeni; et de materia cheirurgia* (Inventar, S. 128).

[59] *De morbis cognoscendis et curandis libri III, collecti é Classicis veteribus et recentioribus: á Nicolao Pisone, Lotharingo. Francof. 1580* (Inventar, S. 70).

[60] *Avicennæ opera, ex Andreæ Alpagi translatione: nim. Canonis, libri V. de medicinis cordialibus, cantica, de removendis nocumentis in regime sanitatis, de syrupo acetoso. Venetiis: 1582* (Inventar, S. 70).

ab;[61] er folgte also der von Leonhart Fuchs begründeten neuen Auffassung der Medizin. Welche Schwerpunkte er ansonsten bei seinen Erwerbungen machte, ist angesichts der großen Zahl schwer zu sagen. Die grundlegenden theoretischen Werke von Galen und Hippokrates, von denen er sich später noch großformatige Ausgaben der Opera omnia, zum Teil auf Griechisch, kaufte,[62] sind ebenso vorhanden wie solche zur Physiologie[63] und zur Pathologie, [64] zur Anatomie[65] und zur Chirurgie.[66] Zur Diagnostik besaß er die klassischen[67] wie neuere[68] Urin- und Pulsschriften. Insgesamt ergibt sich aber der Eindruck, dass Beyer starken Wert auf die ärztliche Praxis legte, wenn man nach der großen Zahl von Praktiken,[69] von

[61] *Arnaldi Villanovani Opera omnia: cum scholiis Nic. Taurelli. 1585* (Inventar, S. 74).

[62] *Hippocratis Coï, Opera omnia, Græcolatino. Auctore, Anutio Foësio. Francof. A.° 1595* (Inventar, S. 68); *Galeni Opera: é septima Juntarum editione. Latin. Venetiis, A.° 1597. Jn 4 tomis gebunden* (ebd.).

[63] *Ludovici Mercati, Hispani, Physiologia corporis humani. Franc. 1603* (Inventar, S. 75).

[64] *Ludovici Mercati Pathologia: de Sanitate, Morbis, horum caussis, differentiis, symptomatis, signis, præsagiis, curandi indicationibus* (Inventar, S. 75).

[65] *Anatomica historia Andreæ Laurentii, Monspeliensis. Franc. 1600* (Inventar, S. 78).

[66] *Cheirurgia: Hieron. Fabritii ab Aquapendente. Franc. 1592* (Inventar, S. 100). Bei dieser Ausgabe (VD16 F 498) war Beyer im Übrigen als Bearbeiter beteiligt.

[67] *Philaretus Medicus, de Pulsuum scientia. Theophilus Medicus, de exacta urinæ cognitione* (Inventar, S. 70).

[68] *Ejusdem* [sc. *Hercules Saxoniæ (Ercole Sassonia)*], *alius tractatus de Pulsibus. A.° 1603* (Inventar, S. 76).

[69] *Hieronymi Mercurialis Foroliviensi, Medicina Practica internorum corporis affectuum. Francof. 1601* (Inventar, S. 76); *Praxis medicinæ theorica et empeirica, circa morbos internos: Gualtheri Bruele. Plantin. A.° 1585* (Inventar, S. 77).

Arzneibüchern,[70] auch in deutscher[71] und sogar in englischer[72] Sprache, von Pflanzenbüchern[73] und von Consiliensammlungen[74] ausgeht. Er besaß zu jeder Krankheit die entsprechenden Lehrbücher oder Gutachten, ob es nun um die Pest,[75] die Syphilis,[76] den Aussatz[77] oder die Körperwinde[78] ging; er hatte sich die Traktate zu den im 16. Jahrhundert in Mode gekommenen Kurheilbädern angeschafft,[79] interessierte sich für Nahrungsmittelzubereitung zu medizinischen Zwecken[80] und scheute auch nicht davor zurück, sich mit der Wirkung von

[70] *Hieronymi Capivaccii, Methodus medendi universalis, tabulis comprehensa. 1606* (Inventar, S. 76); *Rosa Anglica Johannis Anglici: de morbis particularibus, febribus, cheirurgia, et pharmacopoeia: edita á Phil. Schopfiò. A.° 1595* (Inventar, S. 87).

[71] *Kreutterbuch Petri_andreæ Matthioli, mitt vielen figuren vnd nutzlichen artzneien, gemehret: durch Joachimum Camerarium, Med. Norimberg. Franckf. A.° 1590* (Inventar, S. 72); *Item Kreutterbuch, darin über 3000 gewächß beschrieben, durch Jacobum Theodorum Tabernæmontanum. Fr. 1588* (ebd.).

[72] *Neu Kreutterbuch Johannis Gerhardi, Cheirurgi zu London: mitt vilen schönen figurn: in Englischer sprach. Londini: 1597* (Inventar, S. 73).

[73] *Enumeratio omnium plantarum, cum earum differentiis: Caspari Bauhini. A.° 1596* (Inventar, S. 85).

[74] *Bartholomæi Montagnanæ, professoris Bononiensis, opus Consiliorum: quorum Numerus 305 [...] Francof. A.° 1604* (Inventar, S. 77); *Reyneri Solenandri, Medici Clivensis, Consilia N.° 133. Franc. 1596* (Inventar, S. 77); *Consilia 20, diversorum Medicorum: Et, observationum medicarum, capita 33. Item, historiæ admirandæ raræ, N° 21. Omnia á Diomede Cornario collecta. Ejusdem Cornarii, oratio funebris, in funere Doct. Wolffgangi Lazii, Viennensis historici. Ejusdem theses aliquot medicine, ad disputandum propositæ. Lips. 1599* (Inventar, S. 95).

[75] *De Peste, libri II, Alexandri Massariæ. Venetiis: 1579* (Inventar, S. 85); *Von der pest: D. Henrich Schiller, zu Hanaw. A.° 1606. Von der pest: Medici Heÿdelbergenses. A.° 1596. Von der pest: Medici zu Franckfurt. A.° 1554. Von der pest: Tubingenses. A.° 1566* (Inventar, S. 108).

[76] *De Lue Gallica: de cauteriorum administratione, et enterocele. H. Capivaccius* (Inventar, S. 109).

[77] *Vom Außsatz: vnd Schau der Verdächtigen. Strasb. 1582* (Inventar, S. 101).

[78] *De flatuum Natura et Remediis: Joh. Fienus. 1592* (Inventar, S. 101).

[79] *Vom newen minerischen bad zu Neumark in der Oberpfaltz. 1598* (Inventar, S. 87).

[80] *Kochbuch fur die Krancken: Gualtheri Rÿff. Franckf. 1555* (Inventar, S. 109).

Zauberpulvern zu beschäftigen.[81] In der Frage der Hexerei war er allerdings skeptisch und stand wohl auf dem Standpunkt seines Kollegen Johannes Weyer († 1588), der die Hexenfahrt für eine Einbildung melancholisch Erkrankter hielt.[82] Die neben den zahlreichen Werken zur Frauenheilkunde[83] ebenfalls häufig vorkommenden Hebammenbücher[84] verdanken sich wohl der zu seinen Amtspflichten gehörenden Aufsicht über das Hebammenwesen der Stadt Frankfurt. Ab dem 17. Jahrhundert ist eine Zunahme der alchemistischen Werke zu beobachten.[85] Insgesamt ist aber festzuhalten, dass Beyer zu jedem Thema mehrere Werke verschiedener Autoren besaß, wobei es sich in der überwiegenden Zahl um zeitgenössische Autoren handelte; man wird also den Schluss ziehen dürfen, dass er sich für alle Fälle seiner medizinischen Praxis informiert und gewappnet wissen wollte.

Bei den Drucken der juristischen Sachgruppe, bei denen es sich, anders als es der Titel in Beyers Inventar suggeriert,

[81] *Von der Zauberer pulver, salben, zusammenkunfft, vnd bekanntnuß: vnd ob eÿn bezauberter ihme durch zaubereÿ wieder möge helffen lasen. Thom. Sigfridus. A.° 1594* (Inventar, S. 90).

[82] *Johannis Wieri, de Lamiis, liber. Item, de commentitiis jejuniis. Ejusdem libri VI, de Præstigiis Dæmonum, et Veneficiis. Item, apologia, et Pseudomonarchia Dæmonum. Basil. 1583* (Inventar, S. 98). Beyer faßt hier zwei Werke Weyers zusammen, ‚De Lamiis' (VD16 W 2653) und ‚De praestigiis Dämonum' (VD16 W 2668).

[83] *De mulierum passionibus, liber Moschionis, græcé. Cum annotationibus Conradi Gesneri. Cleopatræ, Moschionis, Prisciani, et Anonymi, libri muliebrium. Muliebrium, et cosmeticorum liber, Trotulæ, seu Erotis. De mulierum morbis: Nicolaus Rocheus, Gallus. De Muliebribus affectibus; curaque nutricum, et infantium. Lud. Bonaciolus. De mensibus mulierum, et feminei sexus affectibus, deque generatione hominis, caussis foecunditatis, ac sterilitatis. Jac. Sylvius, Gallus. De conceptu et generatione hominis: Joh. Ruffus Tigurinus. Bas. 1586.* (Inventar, S. 93f.).

[84] *Hebammenbuch Jacob Rüffen zu Zürich. Jtem von pflegung der neugebornen Kindlin. Franckfurt: A.° 1588* (Inventar, S. 87); *Kindbetterin arthuri Dav. Herlicii. Stetin in pommern. A.° 1618* (Inventar, S. 105).

[85] *Chymici theatri pars III: in qua, de Magni lap. compositione: Anonymi* [...] *A.° 1602* (Inventar, S. 104); *De Lapide Philos. et, de Fraternitate rosæ crucis: Mich. Potier. 1617* (Inventar, S. 103).

weniger um juristische Werke im eigentlichen Sinne[86] als um politische, historiographische, ethische und ökonomische Schriften handelt, ist tatsächlich eine besondere Kauflust Johann Hartmann Beyers in dem letzten Jahrzehnt vor 1600 und danach bis zu seinem Tod festzustellen. Von den 237 datierbaren Drucken dieser Sachgruppe sind allein 99 in diesem Zeitraum veröffentlicht worden, wobei bezeichnend erscheint, dass es nur Werke dieser Thematik sind, die er sich auch noch in seinen letzten Lebensjahren zulegte, und dass es dabei um politische Nachrichten (*relationen*) geht.[87] Das allerjüngste Werk in dieser Sachgruppe und in der Sammlung überhaupt und damit seine letzte ‚Erwerbung' ist allerdings ein Geschenk des Frankfurter Buchhändlers Lucas Jennis († nach 1630).[88] Auch unter den Werken dieser Sachgruppe ist erwerbschronologisch gesehen eine deutliche Zweiteilung vorhanden. Da es Johann Hartmann Beyer mit seinen Käufen nach 1590 offensichtlich vor allem um politische Theorie[89]

[86] Beyer besitzt als juristische Werke im eigentlichen Sinne nur das Corpus Iuris Civilis (*Digestum Vetus: Justiniani Imperatoris. Norimb. A.° 1482; Digestum Novum: Justiniani Imperatoris. Norimb. A.° 1483*; Inventar, S. 163; *Institutionum juris civilis libri IV, Justiniani Imperatoris: cum scholiis Baldi, Aretini, Fabri, Porci, Jasonis Maïni. Venetiis. A.° 1499*; Inventar, S. 171), die Dekretalen (*Liber Sextus Decretalium, Bonifacii Papæ VIII. Nor. 1482*; Inventar, S. 164), die Goldene Bulle (*Gulden Bulla Caroli IV, Franckfurt. A.° 1612*; Inventar, S. 176) sowie einen Sammelband mit einschlägigen Texten (*Thesium juridicarum, varii generis, Volumen I*, Inventar, S. 171).

[87] *Secreta Calvinoturcica, à Cancellaria Anhaltina: á Pontificio quodam Cogmandolo, publicata. 1621. Historische relation, von herbstmeß 1623, biß fastenmeß 1624. Historische relation, von herbstmeß 1624, bis fastenmeß 1625* (Inventar, S. 178); *Böhmische handlungen, zwischen pfaltzgrav Friedrichen, vnd Ferdinando Austriaco: Vornemlich die Deduction der vrsachen, warumb die Böhmen Ferdinandum repudiiert. 1620.* (Inventar, S. 179); *Strittigkeÿten, der Gebrüdern, Graven zu Wied. 1622* (Inventar, S. 179)

[88] *Emblemata sacra 100: mitt kupferstücken: Doct. Da. Crameri. Franckfurt. A.° 1625* (Inventar, S. 183). Das Buch befindet sich heute noch in der Frankfurter Universitätsbibliothek unter der Signatur N. libr. Ff. 10906. Vgl. dazu auch das folgende Kapitel.

[89] *Petri Gregorii, Tholozani, libri XXVI de Republica. Francof. 1597* (Inventar, S. 171); *Thesaurus Politicus, Italico_latinus: quo continentur*

sowie um Informationen zu den politischen und religiösen Geschehnissen in der Welt,[90] im deutschen Reich[91] und in seiner Heimatstadt Frankfurt,[92] insbesondere zu dem Aufstand während seiner Bürgermeisterschaft,[93] ging, bestätigt das die Vermutung, dass alle diese Anschaffungen mit seiner Ratstätigkeit in Verbindung stehen. Die vorherigen, bis in die achtziger Jahre erschienenen Drucke sind dagegen in der Hauptsache antike und humanistische Schriften der Historiographie wie etwa die Historien des Herodot (in griechischer

Relationes, Instructiones, et Discursus varii, de Praxi politica, de Roma, Imperatore Romano, Hispania, Lusitania, Constantinopoli, Turcico imperio, Venetorum republica, Gallia, Britannia, Belgio, Ferrariensi ducatum, item Hetrusco et Mediolanensi, Neapolotano regno, Helvetiorum statu, et Sueciæ. A.° 1578, et Moscoviae A.° 1579. Persiæ rebus, usque ad Ann. 1588, de Papæ auctoritate, et ab hac dependente Imperatorie Rom. de Conclavi Cardinalium, de foedere inter Papam et Venetas; de Polonia: etc. Francof. A.° 1610 (Inventar, S. 171).

90 *Von der newen Welt, America, beschaffenheÿt: auch von derselbigen völcker aberglauben, vnd policei: Johann Hug von Lintschott. Jtem, von der reÿse der 5 schiff, so A° 1598 auß Holland, durch das fretum Magellanum, zu den Moluckischen insuln zu scheffen vor gehapt. Franckf. A.° 1601* (Inventar, S. 164).

91 *Allerhand historische tractätlin: vnder andern, von der Manßfeldischen graven strittigkeÿt: 1548. Von Päpstischen prackticken, wieder die protestranter, 1546; item in Franckreich vnd Brabandt, 1568, 1611. Von der urgicht des zu Franckfurt geviertheÿlten Wilhelm Weinbrenners, wieder Landgr. philipsen, 1547. Von Churfürst Hansfriedrichs zu Sachsen krieg, gefänckniß, vnd vrtheÿl, 1547. Crudelitas Gallica, 1559. Conspiratio wieder den könig in Engelland, 1606. Hertzog zu Braunschweig, wieder die statt Braunschw. 1607. Historische relationes 1613, 1614. j predigt Marcianton. de Dominis. 1618.* (Inventar, S. 176).

92 *Item Franckfurter Quartierordnung der bewehrten bürger, Kleÿderordnung, Trucker=, Becker=, Metzger= Brunnenordnung. Glückhafen zu Franckfurt. Des Rheinischen Creÿses müntzedicta: A.° 1609.; Ermahnung an Rath vnd Bürger zu Franckfurt, betreffend das Civil_vnwesen, A.° 1612 daselbsten entstanden. Jtem von der rechtmäßigen Aachtsamerklärung wieder die rädlinsführer. Doct. Pii-felicis Cæsaris. A.° Domini 1615* (Inventar, S. 172).

93 *Abschiedspunden, zwischen E. Ehrw Rath, vnd Burgerschafft. Vermeÿntliche defensionschrifft der Zünfften, geg. E.E. Rath. Historischer verlauff des Franckfurtischen Aufstands. 1617* (Inventar, S. 169).

Sprache!),[94] der ‚Jüdische Krieg' von Flavius Josephus (in deutscher Übersetzung),[95] die ‚Gesta' des Valerius Maximus,[96] der ‚Gallische Krieg' Caesars (Abb. 9)[97] oder auch die ‚Genealogia Deorum' von Boccaccio.[98]

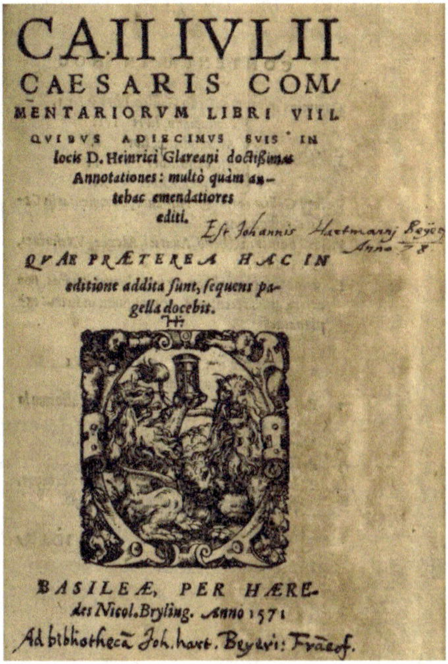
CAII IVLII
CAESARIS COM-
MENTARIORVM LIBRI VIII.
QVIBVS ADIECIMVS SVIS IN
locis D. Heinrici Glareani doctißimae
Annotationes: multò quàm an-
tehac emendatiores
editi.
QVAE PRAETEREA HAC IN
editione addita sunt, sequens pa-
gella docebit.
BASILEAE, PER HAERE-
des Nicol. Bryling. Anno 1571

Abb. 9 Titelblatt mit Besitzeintrag Beyers
(Einband-Slg. 612; Caesar, De bello gallico)

[94] *Herodoti historiæ: græcé: Venetiis. A.° 1502* (Inventar, S. 165).

[95] *Flavii Josephi Jüdische Historien: durch Doct. Casp. Hedion verteutscht. Strasburg: A.° 1553* (Inventar, S. 164).

[96] *Valerius Maximus: cum notis Oliverii. Mediolani. A.° 1510* (Inventar, S. 165).

[97] *C. Julii Cæsaris, de bello Gallico, libri IIX. De bello civili Pompejano, Alexandrino, Africano, Hispanensi, libri VI. Index, continens nomina locorum, urbium, et populorum, tum vetera, tum recentiora. Basil. 1571* (Inventar, S. 183). Einband-Slg, 612.

[98] *Joh. Bocatii, de Genealogia Deorum, libri XV: cum scholiis Jacobi Micylli. Ejusdem liber I, de Montium, Sylvarum, Fontium, Lacuum, Fluviorum, Stagnorum, et Marium nominibus. Basileæ. A.° 1532* (Inventar, S. 166).

Alle diese Werke sind Klassiker der humanistischen Geschichtslektüre, und da die Ausgabe der ,Genealogie Deorum' Boccaccios noch die Erklärungen von Jacob Micyllus († 1558), dem Lehrer Hartmann Beyers am Gymnasium in Frankfurt, enthält, ist zu vermuten, dass dieser ältere, erste Teil der juristischen, historiographischen und politischen Sachgruppe auf diesen zurückgeht.
Ähnlich verhält es sich mit den grammatischen und poetischen Werken. Hier zeigt die Abbildung 5, dass bei den grammatischen Werken der Gipfel der Erwerbschronologie in den dreißiger Jahren liegt, danach kommen nur noch verhältnismäßig wenige Werke hinzu. Wie der Tabelle in Abbildung 2 zu entnehmen ist, sind es bis zu Hartmann Beyers Tod 153 Drucke, wovon allein 61 in der Zeit seiner Schulzeit und seines Studiums erschienen sind; nach Hartmann Beyers Tod schaffte sich sein Sohn nur noch 31 Drucke an. Immerhin befinden sich darunter neben einem griechisch-lateinischen[99] auch ein italienisches,[100] ein französisches[101] und sogar ein siebensprachiges[102] Wörterbuch, mehrere französische Grammatiken[103] und ein französisches Aussprachebuch;[104] es scheint also, als hätte sich Johannes Hartmann Beyer nun für die romanischen Sprachen interessiert. Daneben finden sich einige Werke zur Dialektik; hier sind neben den kanonischen Schriften des Aristoteles auch Werke seines Tübinger Lehrers Andreas Planer

[99] *Lexicon græcolatinum Johannis Scapulæ. Item, Synopses græcarum dialectorum Jacobi Zuingeri. Basil. 1600* (Inventar, S. 189).

[100] *Dictionarium Jtalianisch teutsch, vnd teutsch italianisch: Levini Hülsii. Franckf. 1605* (Inventar, S. 194).

[101] *Dictionarium, Frantzösisch Teutsch, vnd Teutsch Frantzösisch: Levini Hülsii. Normibergæ:1602* (Inventar, S. 200).

[102] *Nomenclator septilinguis, Hadr. Junii. Ursellis: 1602* (Inventar, S. 194).

[103] *Grammatica gallica, Henrici Doergangii. Colon: 1604* (Inventar, S. 200); *Hypomneses de Gallica lingua, Henr. Stephani. Et: Grammatica gallica Roberti Stephani. Et: Claudii Mitalevii epistola, de vocabulis; quae Judæi in Galliam introduxerunt. Genev. 1582* (Inventar, S. 199).

[104] *De Francicæ linguæ recta pronuntiatione. Theod. Beza. Genev. 1584* (Inventar, S. 199).

(† 1606) vertreten; das Druckjahr von 1580 spricht dafür, dass Beyer sie noch während seiner Studienzeit erworben hat (Abb. 10).[105]

Abb. 10 Titelblatt mit Besitzeintrag Beyers (Einband-Slg. 599 A. Planer, Quaestiones dialecticarum)

[105] *Andreæ Planeri, quæstionum Dialecticarum pars Prima, de prædicabilibus, prædicamentis, et libro περι ἑρμηνείας. Tub. 1580. Et: pars Altera, de Analyticis prioribus Aristotelis. Tub. 1582.* (Inventar, S. 205). Einband-Slg. 599, Nr. 1–2.

Noch deutlicher ist das Bild bei den poetischen Werken. Hatte der Vater 88 Drucke besessen, so erwarb der Sohn nach dessen Tod nur noch drei Werke: ein Buch mit Epigrammen von Matthias Zuber († 1623) von 1596,[106] eine Prosodie von Hermann Smetius († 1614) von 1609[107] und (vielleicht auch handschriftliche) Neujahrswünsche eines Johannes Staricius an den Rat der Stadt Frankfurt für das Jahr 1611.[108] Alle diese Werke sind in Frankfurter Offizinen erschienen, und man kann vielleicht vermuten, dass Beyer mit den Verfassern persönlich bekannt war[109] und es sich vielleicht sogar um Widmungsexemplare handelte. Ein aktives Interesse für die Poesie kann bei ihm, anders als bei seinem Vater, jedenfalls nicht angenommen werden. Der Vater Hartmann Beyer dagegen besaß alle Klassiker humanistischer Literatur, oft sogar in mehrfacher Ausgabe: die Komödien des Plautus[110] und von Terenz,[111] die Tragödien Senecas,[112] die ‚Georgica'[113] und die ‚Bucolica'[114] Vergils, die Gedichte des Horaz,[115] die ‚Metamorphosen'[116]

[106] *Epigrammatum miscellaneorum libri VI. Matthæi Zuberi. Fr. 1596* (Inventar, S. 217).

[107] *Prosodia Henr. Smetii, de quantitatibus syllabarum. Francof. 1609* (Inventar, S. 214).

[108] *Strena Joh. Staricii, P. Cornuncupata Senatui Francof. Fr. 1611* (Inventar, S. 217).

[109] Matthäus Zuber war Lehrer in Nürnberg, Heinrich de Smet Dichter und Leibarzt des Kurfürsten von Heidelberg. Ein Johannes Staricius ist nicht nachweisbar, muss aber wohl in Frankfurt tätig gewesen sein.

[110] *Plauti comoediæ. Bononiæ. 1500* (Inventar, S. 208); *M. Plauti Comoediæ XX: cum notis Bernhardi Saraceni, Johannis Petri Vallæ, et Pii Bononiensis. Venetiis: 1511* (Inventar, S. 208).

[111] *Terentii Comoediæ VI. Lipsiæ: 1560* (Inventar, S. 214).

[112] *L. Annæi Senecæ, Tragoediæ decem: cum notis Ascensii, Marmitę, et Cajetani. Et, de metrorum tragicarum rationes: Aegidius Maserius. Parisiis: 1514* (Inventar, S. 208).

[113] *Georgicorum libri IV, P. Virgilii. Lipsiæ: 1498* (Inventar, S. 210); *In Georgica Virgilii: notæ Eobani Hessi. Colon. 1536* (Inventar, S. 214).

[114] *In Bucolica Virgilii: notæ Jodoci Willichii. Argent. 1532* (Inventar, S. 214).

[115] *Q. Horatii Flacci poëmata: cum scholiis. Lugdun. 1538* (Inventar, S. 214).

[116] *P. Ovidii Nasonis, Metamorphoseon libri XV, et Fastorum VI. Bas. 1532* (Inventar, S. 214).

Ovids und vieles mehr. Angesichts dieses Interesses an antiker und humanistischer Literatur, wie es sich auch schon bei der Historiographie gezeigt hatte, und das wohl nicht nur auf dem Frankfurter Gymnasium von Micyllus, sondern sicherlich auch in Wittenberg von Melanchthon[117] gefördert worden war und das Hartmann Beyer auch noch in seiner Frankfurter Zeit aktiv verfolgte, erklärt es sich im Übrigen wohl auch, dass ihm im Streit mit dem Frankfurter Rat um das Augsburger Interim die Rektorenstelle des Gymnasiums angeboten wurde: einen kompetenteren Humanisten hätte man wohl in Frankfurt zu dieser Zeit nicht finden können. Allerdings war dann, wie oben beschrieben, sein reformatorisches Interesse anscheinend doch noch größer. Auffällig sind die wenigen deutschsprachigen Werke, die nicht recht in den humanistischen Kontext passen wollen: es finden sich die gesammelten Werke von Hans Sachs († 1576),[118] der ‚Grobian' von Friedrich Dedekind († 1598)[119] sowie Johannes Paulis († 1530/33) ‚Schimpf und Ernst'.[120]

Allerdings handelt es sich dabei durchweg um moraldidaktische Erzählungen, die von Hartmann Beyer gut in seinen Predigten benutzt worden sein könnten; dass sie hier unter die Poetica eingereiht sind, verdankt sich wohl eher dem Ordnungsprinzip seines Sohnes bei der Erstellung des Inventars.

Es bleibt noch die Sachgruppe der mathematischen Werke zu betrachten. Aus der Tabelle der Abbildung 2 sowie der

[117] Auffällig sind jedenfalls mehrere Werke antiker Literatur mit Erklärungen Melanchthons in Beyers Besitz (*In Georgica Virgilii, Notæ Ph. Melancht. et Eob. Hessi. Item, explicatio vocabulorum de agricolarum instrumentis; Jac. Willich. Basil. 1544*, Inventar, S. 214; *Quæstiones in Ecloges Virgilii, cum argumentis. Riccii et Melanch. Franc. 1546*, Inventar, S. 215; *P. Virgilii Maronis opera: cum notis Melanch. et Hegendorf. Franc. 1559*, Inventar, S. 214),

[118] *Hanß Sachsen, des Teutschen poëten, Geÿstliche, vnd Weltliche Gedicht, alß Tragoedien, Comoedien, Spiel, Gespräch, Clagreden, Fabeln, Schwanck vnd bossen. Jn fünff tomis: daran der dritte manglen thuet. Nürnberg: 1570* (Inventar, S. 208).

[119] *Grobianus, de morum simplicitate. Friderici Dedekindi. Franc. 1549* (Inventar, S. 215).

[120] *Schimpf vnd Ernst, in welthändeln. Franc. 1558* (Inventar, S. 216).

Graphik in Abbildung 5 ist zu ersehen, dass die Erwerbschronologie in dieser Gruppe zwei deutliche Häufungen aufweist: einmal in den drei Jahrzehnten zwischen 1530 und 1560, in denen insgesamt 193 Drucke erworben worden sind, und das andere Mal zwischen 1590 und 1620, wo noch einmal 87 Drucke hinzukamen. Auch hier zeigt sich also, dass Vater und Sohn jeweils ein starkes Interesse an mathematischen Fragen besessen haben, was ja schon an der artistischen Unterrichtstätigkeit Hartmann Beyers in der Astronomie nach seinem Bakkalaureat in Wittenberg und seiner Neubearbeitung des ‚Tractatus de sphaera' einerseits und dem jugendlichen Interesse des Sohnes an der Konstruktion von Sonnenuhren andererseits deutlich wurde. Allerdings ist dieses Interesse im Detail nicht identisch, sondern konzentriert sich auf unterschiedliche mathematische Disziplinen, wie die beiden Erwerbsphasen von Vater und Sohn zeigen.

Hartmann Beyer besaß, neben den Standardwerken von Euklid[121] und dem ‚Almagest' von Ptolemäus,[122] mehrere zeitgenössische Werke zur Arithmetik[123] und zur Geometrie;[124]

[121] *Eucleidis, Elementorum libri XV: cum commentariis Procli in librum I^m. Græcó. Basileæ. A.° 1533; Eucleidis sex libri priores, cum propriis demonstrationibus propositionum, absque literarum notis. Item: de Algebraïcis numerationibus. Auctore Joh. Scheubelio, prof. Tubing. Bas. 1550; Eucleidis Elementorum libri XV, é latina lingua in Italicam traducti: per Nicolaum Tartaleam, Brixianum. Venet. 1543* (Inventar, S. 130).

[122] *Cl. Ptolemæi Almagestum, cum notis Lucæ Gaurici: Quadripartitum: Centiloquium: Significationes planetarum. Item: Procli Diadochi compendium Almagesti. Basil. A.° 1541* (Inventar, S. 131).

[123] *Arithmetick Joh. Widmanns Zu Leipzig. Hagenau: A.° 1519; Arithmetick Martin Stötters von Vlm. Tübingen. A.° 1552; Arithmetick, Joh. Schlichtungs. Strasburg A.° 1536; Arithmetick, vnd Visierbüchlin, Jac. Köbels. Franckf. A.° 1531; Arithmetick, Georg Stichels. Leiptzig. A.° 1551* (alle Inventar, S. 160); *Arithmetick Johann Fischers, zur Neustatt. Wittemb. 1559; Arithmetick Dietrich Schedels, Zu S. Veit in Cärnten. Nürmb. 1552* (Inventar, S. 159).

[124] *Geometriæ prima elementa. Et, Horologiorum sidericorum delineationes. Sebast. Munsteri. Basil. 1551* (Inventar, S. 138); *Compendium Geometriæ Eucleideæ: Joh. Vöglini, prof. Vienennsis. Et: Arithmetica*

auch das ‚Rechenbüchlein' von Adam Riese († 1559)[125] darf natürlich nicht fehlen. Einen Schwerpunkt seines mathematischen Buchbesitzes bildet die Astronomie. Hier sind die griechischen und arabischen Grundlagentexte des Ptolemäus,[126] des Alfraganus[127] oder des Messahallah[128] vorhanden, oft in astronomisch-astrologischen Sammelausgaben der Zeit,[129] daneben auch die für die Berechnung jeder astronomischen Konstellation unentbehrlichen Planetentafeln (‚Ephemeriden', Abb. 11)[130] sowie einige Texte zu astronomischen Instrumenten wie etwa eine Anleitung zur Herstellung eines Astrolabs.[131]

Georg. Purbachii. Wittemb. A.° 1536 (Inventar, S. 156); *Teutsch Geometria, Wolffgang Schmidts. Norimb. 1539* (Inventar, S. 144); *Arithmeticæ Italicæ Nic. Tartaleæ pars III, de primis Geometriæ principiis. Et. pars IV, de Geodæsia, et Stereometria. Et, pars V, de resolutione problematum Geometricarum, per circinum et regulam. Et, pars VI, de Arte Magna, seu Algebra. Venet. 1560* (Inventar, S. 134).

125 *Adam Riesen gerechnet büchlin, vff den Scheffel, eÿmer, vnd pfundgewicht. Jtem, vom brodgewicht, nach dem das getreÿd auf oder abschlegt. Leiptzig. 1536* (Inventar, S. 147).

126 *Cl. Ptolemæi Quadripartitum astrologicum. Et: de Parabolica sectione: deque Speculo ustorio. Lovanii: 1548* (Inventar, S. 144).

127 *Alfragani astronomia. Norimb. 1537* (Inventar, S. 153).

128 *Messahalæ Arabis, tractatus astrologici. Norim. 1549* (Inventar, S. 148).

129 *Julii Firmici Siculi, de Astrologia judiciaria libri IIX. Et: Cl. Ptolemæi Quadripartitum: de significationibus Fixarum: Centiloquium. Et: Hermetis Centiloquium. Et: Bethem centiloquium, deque horis planetarum. Et: Almansoris propositiones Astrologicæ. Et: Zahel, de Electionibus. Et: Messahalah: de Stellis, earumque Effectis. Et: Omar, de Nativitatibus. Et: M. Manilii poëtæ, de Stellarum motu et efectis, libri V. Et: Othonis Brunfelsii Eisagoge, de terminis Astrologiæ. Basil. 1533* (Inventar, S. 137).

130 *Ephemerides Johan. Stöfleri: ab A° 1511: ad An. 1530; Ephemerides Joh. Stöfleri: ab A.° 1532, ad Ann. 1541* (Inventar, S. 147).

131 *Variorum Astrolabiorum Fabrica, et Usus: Joh. Stöffleri. Mogunt. 1535* (Inventar, S. 137).

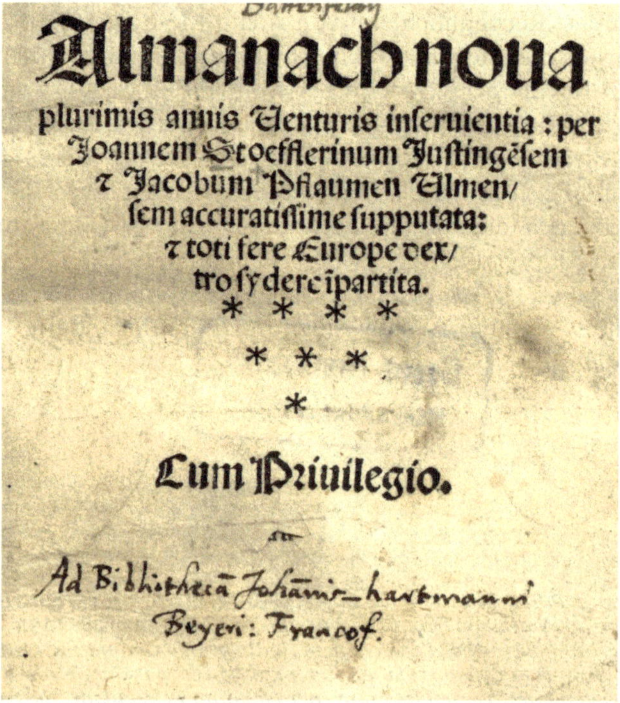
Almanach noua
plurimis annis venturis inseruientia: per
Joannem Stoefflerinum Justingẽsem
⁊ Jacobum Pflaumen Ulmen/
sem accuratissime supputata:
⁊ toti fere Europe dex/
tro sydere ĩpartita.
* * * *
* * *
*
Cum Priuilegio.
Ad Bibliothecã Johannis Hartmanni
Beyeri: Francof.

Abb. 11: Titelblatt mit Besitzeintrag Beyers
(Einband-Slg. 568; J. Stöfler, Ephemeriden)

Wie nach Hartmann Beyers Unterrichtstätigkeit in Wittenberg zu erwarten ist, findet sich der ‚Tractatus de Sphaera' des Johannes von Sacobosco in mehreren Ausgaben[132] und Übersetzungen,[133] darunter auch sein eigener Kommentar (Abb. 12).

[132] *Sphæra Joh. de Sacrobusto: cum notis Petri Cirvelli, et Petri de Aliaco. Paris. A.° 1515* (Inventar, S. 137); *Quæstiones in Sphæram Johannis de Sacrobusto. M. Hartm. Beyeri. 1549* (Inventar, S. 157).

[133] *Sphæra Joh. de Sacrobusto: verteutscht durch Conr. Heÿnvogel. 1533* (Inventar, S. 147); *Teutsche Sphæra Joh. Dryandri. Marp. 1539* (Inventar, S. 142).

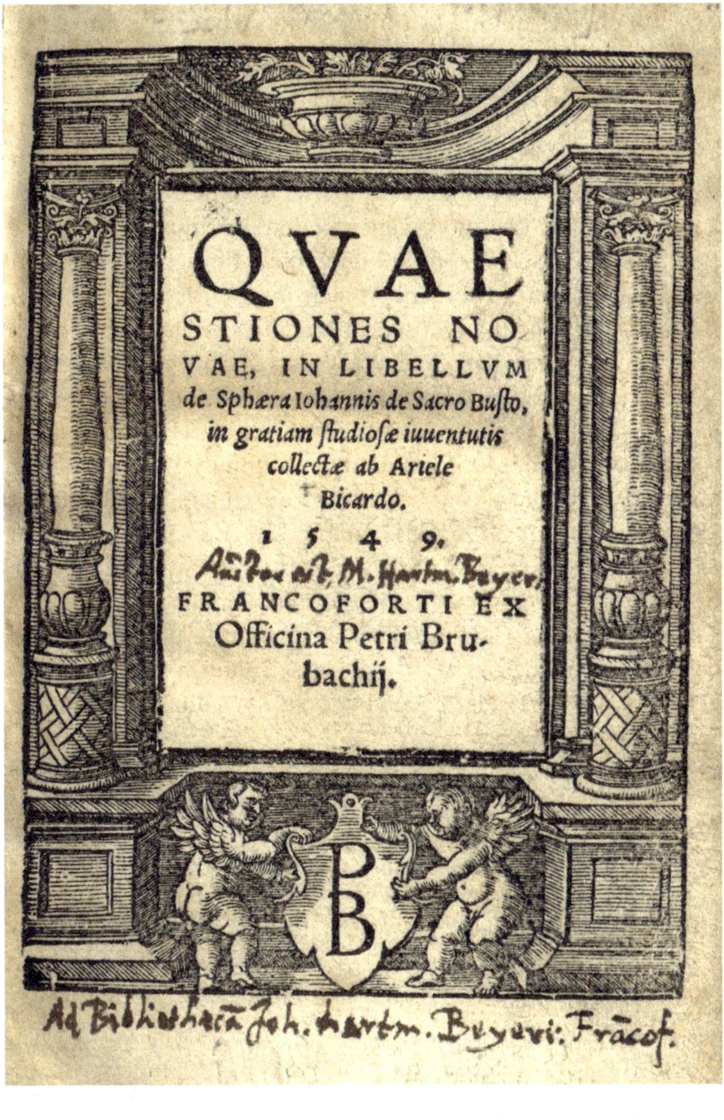
QVAESTIONES NOVAE, IN LIBELLVM de Sphæra Iohannis de Sacro Busto, in gratiam studiosæ iuuentutis collectæ ab Ariele Bicardo.

1549.

FRANCOFORTI EX Officina Petri Brubachij.

Abb. 12: Titelblatt mit Besitzeintrag Beyers und handschriftlichem Hinweis auf den Autor
(Einband-Slg. 569; H. Beyer, Tractatus de Sphaera)

Aber auch die neuen astronomischen Theorien von Georg Peuerbach († 1461)[134] und Johannes Regiomontan († 1476),[135] vor allem aber von Kopernikus († 1543)[136] sind vorhanden. Die Ablösung des geozentrischen Weltbild durch das heliozentrische war Hartmann Beyer also sehr gut bekannt; gleichwohl besaß er aber auch astrologische Texte der mittelalterlich-arabischen Tradition wie etwa den ‚Hermes'.[137]

Einen zweiten Schwerpunkt bilden die schon genannten Sonnenuhrentraktate. Hier finden sich insgesamt zehn deutschsprachige und zwei lateinische Texte aus den Jahren 1543 bis 1611, angefangen mit dem Werk des Marburger Arztes und Mathematikers Johannes Dryander († 1560)[138] bis zu der Anleitung des Wetzlarer Malers Franz Keßler († um 1650).[139] Deutlich wird allerdings an diesem Sammelschwerpunkt aber auch das Problem, welche der Drucke noch auf Hartmann Beyer, welche auf Johann Hartmann Beyer zurückgehen. Von den zwölf Werken sind fünf vor dem Tod Hartmann Beyers erschienen, sieben danach, die meisten der letzteren im ersten Jahrzehnt des 17. Jahrhunderts. Nun könnte man vermuten, dass auch die früheren Drucke erst später von dem Sohn gekauft worden sind; dagegen spricht aber die Tatsache, dass

[134] *Theoricæ Geor. Purbachii: cum notis Franc. Capuani, Silvestri Prietatis. Et Jacobi Fabri. Paris. A.° 1515* (Inventar, S. 137); *Theoricæ planet. G. Purbachii, cum scholiis Er. Reynholdi. Et: Tractatus de Lunæ illuminatione. A.° 1542* (Inventar, S. 156).

[135] *Joh. Regiomontani demonstrationes eorum, que in tabulis primi mobilis, cum tabulis Ecclipsium Purbachii precepit. Neoburgi: 1557* (Inventar, S. 130); *Theoricæ Planetarum Georgii Purbachii: cum notis et quæstionibus, in easdem, Christiani Urstisii. Johannes Regiomontanus, contra deliria Theoricarum Gerh. Cremonens. Joh. Esler, Moguntinus, de neglecta temporis æquatione. Basil. 1573* (Inventar, S. 156).

[136] *De Revolutionibus orbium coelestium libri VI. Nic. Copernici. Nor. 1543* (Inventar, S. 136).

[137] *Astrologica medicatio Hermetis Trismegisti: et aliaquandam. Nor. 1532* (Inventar, S. 149).

[138] *Von Sonnuhrn, vnd Compaßen: Strasb. vnd Joh. Dryandri. 1543* (Inventar, S. 144).

[139] *Sonnuhren zu reißen: Frantz Keßler. Franc. 1611* (Inventar, S. 143).

er sich, wie oben beschrieben, schon in jugendlichem Alter intensiv mit der Konstruktion und der Abzeichnung von Sonnenuhren beschäftigt hatte; die Anleitung dazu wird wohl von seinem Vater bzw. den einschlägigen Werken aus dessen Besitz gekommen sein. Man wird also wohl dabeibleiben dürfen, dass ein Teil dieser Werke schon vom Vater erworben wurde und der Rest dann, bei neu erwachtem Interesse um 1600, von dem Sohn.

Dabei bleibt dies mit sieben Drucken doch nur ein Nebengebiet für Johann Hartmann Beyer im Bereich der Mathematik. In besonderem Maße interessierte er sich hier für die Geometrie. Dabei ging es ihm um Problemstellungen wie die Konstruktion von Dreiecken,[140] die Berechnung der Eklipsis der Sonne,[141] um den Kreis[142] und seine Quadratur,[143] vor allem aber um die praktische Anwendung der Geometrie.[144] Es finden sich zahlreiche Schriften zur Feldmesserei[145] und zur

[140] *Opus Palatinum de Triangulis, á Georgio-joachimo Rhetico coeptum, et á L. Valentino Othone consummatum. Ubi de Fabrica canonis triangularum: de triangulis rectilineis et sphæricis. Item, Canon Sinuum, Tangentium, et Secantium, in scrupulis decimis decimalibus. Neostadii: A.° 1596* (Inventar, S. 131).

[141] *Epilogismus III Ecleipsium, Anni 1595: Joh. jac. Murer. Tigur. 1595* (Inventar, S. 142).

[142] *Vom Circul, vnd den polygonis regularibus: Ludolphi von Cöllen. Niederländisch. Leiden. A.° 1615* (Inventar, S. 141); *Eÿn new instrument zum grundlegen* [und Theylung der Circkel Linien]*: Benja. Bramers. 1616* (Inventar, S. 146).

[143] *Josephus Scaliger: de Ambitu et Potentia circuli: cum appendice de Quadratione circuli. Ejusdem Mesolabium. Plantin. 1594* (Inventar, S. 133); *Mechanische quadratur des Circuls. Phil. Vffenbach. 1619* (Inventar, S. 146).

[144] *Geometriæ practicæ libri IIX. Christoph. Clavii. Mogunt. 1606* (Inventar, S. 141).

[145] *Vom Landmeßen, vnd gebrauch der geometrischen instrumenten. Joh. Sems, vnd Joh.peters Dau. Amst. 1616* (Inventar, S. 146); *M. Daniel Schwenters Geometria practica. 1. Von Geometrischen linien vnd figuren. 2. Von Meßruthen vnd Stäben, zu den geodætischen abmeßungen. 3. Vom Geometrischen Tischlein Johannis Prætorii, zur geodæsia dienlich. Norimb. 1618* (Inventar, S. 145).

Visierkunst,[146] zu der er selbst publiziert hat und wofür er vielleicht die Vorarbeiten Simon Jacobs benutzt hat.[147] Ein zweiter Interessenschwerpunkt ist die Algebra, die nach dem italienischen *cosa* für ‚Ding' im 16. Jahrhundert auch die cossische Kunst genannt wurde. Schon sein Vater hatte die neuen Schriften Cardanos († 1576) in einer Reihe von Ausgaben[148] und Adaptationen[149] besessen; Johann Hartmann Beyer schaffte sich nun auch weitere Kommentare und Erläuterungen an.[150] Sein besonderes Interesse galt außerdem der Darstellung und Berechnung von Zahlen; Beyer besaß schon die gerade veröffentlichte Schrift des Erfinders der Logarithmen, des Schotten John Napier († 1617),[151] außerdem dessen Anleitung zum Rechnen mit Rechenstäbchen in der lateinischen Erstausgabe[152] wie auch in der deutschen Übersetzung,[153] an der Beyer, zumindest indirekt, beteiligt war.[154]

[146] *Rechenbuch, Visierbuch, Feldmessen, von Zweÿer örtter distancz, von Sonnuhrn. Andr. Helmreich. Leiptzig A.° 1595* (Inventar, S. 151).

[147] *Rechenbuch, vnd Geometria, Simon Jacobs. Franc. 1600* (Inventar, S. 151). Vgl. auch oben zu den Handschriften Jacobs in Beyers Besitz.

[148] *Hieronymus Cardanus, de Proportionibus. Idem, de Arte magna, seu Algebra, et Aliza regula. Basil. A.° 1570* (Inventar, S. 133); *Hieron. Cardanus, de arte Magna, seu Algebra. Basil. 1545* (Inventar, S. 134); *Arithmetica et Geometria practica: Hieron. Cardani. Mediolan. 1539* (Inventar, S. 158).

[149] *Cossa Christoph Rudolphs: vermehrt duch Mich. Stiefeln. Königsperg in Preußen. A.° 1553* (Inventar, S. 151).

[150] *Algebra Petri Rothen, Rechenmeÿsters zu Nürnberg: von den Reguln Cardani: vnd Resolution des Cubicoßischen Lustgartens Joh. Faul-habers: auch eÿn anzahl newe Cossische quæstiones. Norimb. A.° 1608* (Inventar, S. 145).

[151] *Canonis Logarithmorum, ad supputationes abbreviandas, constructio et usus: Joh. Neperi, Baronis, Scoti. Lugdun. 1620; Logarithmorum Canon, Joh. Neperi, Scoti. Edinburgi: 1614* (Inventar, S. 150).

[152] *De Numeratione per virgulas. Et: de Multiplicationis promtuario. Joh. Neperus, Scotus. Edinburgi: A.° 1617* (Inventar, S. 160).

[153] *Künstliche Rechenstäblin, Johannis Neperi. 1618* (Inventar, S. 146).

[154] So zumindest nach Ausssage des Titelblatts: *Künstliche Rechenstäblein zu vorteilhafftiger und leichter manigfaltigung/ Theilung [...] Erstlich 1617. In lateinischer Sprach durch Herrn Johan Nepern [...] beschrieben/ nachher auß anleytung/ deß hochgelehrten weitberühmbten Herrn D. Bayrn durch Frantz Keßlern zu Werck gericht. In*

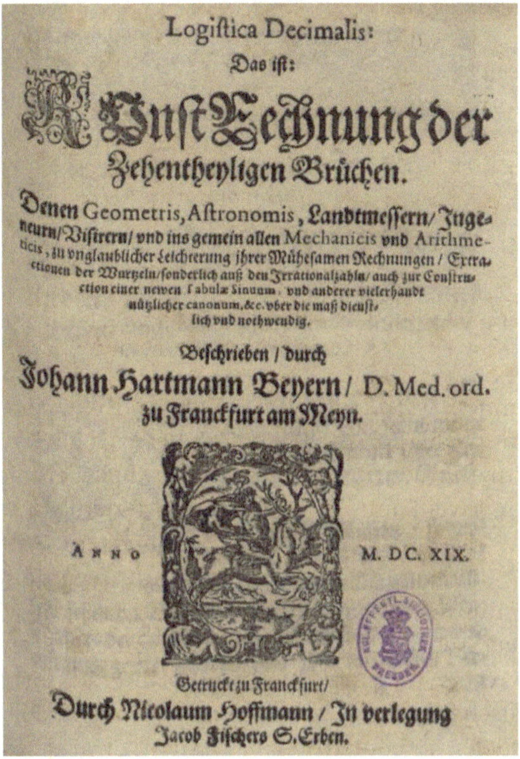
Logistica Decimalis:
Das ist:
KunstRechnung der
Zehentheyligen Brüchen.
Denen Geometris, Astronomis, Landtmessern/ Ingeneurn/ Visirern/ vnd ins gemein allen Mechanicis vnd Arithmeticis, zu vnglaublicher Leichterung jhrer Mühesamen Rechnungen/ Extractionen der Wurtzeln/ sonderlich auß den Irrationalzahlen/ auch zur Construction einer newen Tabulæ Sinuum, vnd anderer vielerhandt nützlicher canonum, &c. vber die maß dienstlich vnd nothwendig.
Beschrieben/ durch
Johann Hartmann Beyern/ D. Med. ord.
zu Franckfurt am Meyn.
Anno M. DC. XIX.
Getruckt zu Franckfurt/
Durch Nicolaum Hoffmann/ In verlegung
Jacob Fischers S. Erben.

Abb. 13 Logistica decimalis. Frankfurt a. M. 1619

Beyer selbst nahm für sich in Anspruch, die Dezimalrechnung erfunden zu haben; das von ihm darüber veröffentlichte Werk (Abb. 13)[155] ist ebenso wie seine anderen mathematischen Publikationen im Inventar verzeichnet (Abb. 14).[156]

Kurtz verfast/ und zum Truck gefertigt. Straßburg 1618 (VD 17 7:665819E).

155 *Logistica Decimalis. Das ist: KunstRechnung der Zehentheyligen Brüchen. Frankfurt a. M. 1619* (VD17 23:304296W).

156 *Stereometria inanium: Joh. hart. Beyeri. Franc. A.° 1603; Vollkommene Visierkunst: Joh. hart. Beÿers. Franc. 1603; Logistica Decimalis;*

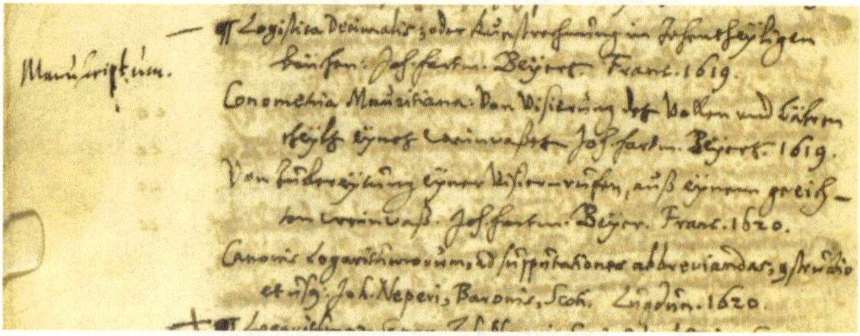

Abb. 14: Verzeichnis von Beyers eigenen Werken in seinem Inventar (Inventar, S. 140)

Zusammenfassend kann also gesagt werden, dass die Büchersammlung, die Johann Hartmann Beyer 1624 der Stadt Frankfurt zur Vermehrung der Stadtbibliothek vermachte, eigentlich aus zwei Sammlungen bestand: derjenigen seines Vaters, welche dieser zur Zeit seines Studiums in Wittenberg und seiner Prädikantentätigkeit in Frankfurt zusammengetragen hatte, und seiner eigenen, welche das Resultat seiner medizinischen Studien und Praxis in Tübingen und Frankfurt, seiner Tätigkeit als Rat und Bürgermeister in Frankfurt sowie seiner wissenschaftlichen Beschäftigung mit Fragen der Zahlentheorie und der stereometrischen Geometrie waren.[157] Nimmt man die jeweiligen Schwerpunkte für sich in ihrer zeitlichen Erwerbsabfolge, bestand die Bibliothek im Grunde also aus den drei Sammlungen des Vaters zu den humanistischen Studien, zur Mathematik und zur Theologie sowie den drei

oder Kunstrechnung in Zehentheÿligen brüchen. Joh. hartm. Beÿers. Franc. 1619. Conometria Mauritiana: Von Visierung des Vollen vnd Lähren theÿls eÿnes weinvaßes Joh. hartm. Beÿers. 1619; Von Zubereÿtung eÿner Visierruten, auß eÿnem geeichtten weinvaß. Joh. hartm. Beÿer, Franc. 1620 (alle Inventar, S. 150). Neben den drei letzten Titeln ist seltsamerweise ein *Manuscriptum* eingetragen; da die Jahreszahlen der Titel aber mit den Druckjahren übereinstimmen, ist wohl eher davon auszugehen, dass es sich hier um Exemplare mit handschriftlichen Notizen Beyers handelte. Der Band selbst, zu dem noch John Napiers *Canon Logarithmorum* gehörte, ist mit einem Minus-Zeichen als nicht mehr vorhanden gekennzeichnet.

[157] Vgl. dazu das sechste Kapitel.

Sammlungen des Sohnes zur Medizin, zur Geschichte und Politik und zur Mathematik. Dass die Sammlungen ineinander übergehen und nicht immer eindeutig voneinander zu trennen sind, versteht sich, mit Ausnahme der theologischen und medizinischen Werke, von selbst; gleichwohl ist aber deutlich zu sehen, wo der Sohn im Vergleich zu den humanistischen, historiographischen und mathematischen Interessen seines Vaters andere Akzente setzte. Dabei wird gleichzeitig deutlich, dass es sich bei den Sammlungen nicht um die Ergebnisse eines Büchersammelns im heutigen, bibliophilen Sinne ging: offensichtlich hatte keiner der beiden, anders, als es etwa hundert Jahre später bei Zacharias Conrad von Uffenbach festzustellen ist, ein besonderes Interesse an alten Büchern oder gar Handschriften, die sich kaum in der Bibliothek finden. Es ging beiden jeweils um eine Arbeitsbibliothek, die ihren jeweiligen theoretischen und praktischen Interessen dienen sollte; die Vielseitigkeit und Größe der Sammlung spricht dabei nicht nur für die Breite dieser Interessen, sondern eben auch dafür, dass es eine öffentliche Bibliothek für diese Zwecke in Frankfurt noch nicht gab. Die Beyersche Stiftung ist in diesem Sinne zwar nicht der erste, aber doch ein wichtiger Schritt in eine solche Richtung gewesen.

Der heutige Bestand

Von der Bibliothek Beyers sind nach gegenwärtigem Kenntnisstand noch 161 Bände mit insgesamt 305 Drucken in der Frankfurter Universitätsbibliothek vorhanden. Dazu kommen zwei Handschriften sowie die nicht im Inventar verzeichneten Vorlesungsmitschriften und Drucke des Nachlasses. Damit sind fast 15 Prozent des ehemaligen Bestandes erhalten, wobei die Medizin mit 178 Drucken in 100 Bänden den größten Anteil hat; die Bände der anderen Abteilungen sind jeweils nur mit niedrigen zweistelligen Zahlen vertreten. Die Zugehörigkeit der Bücher zur ehemaligen Beyerschen Bibliothek ist durch Besitzeintragungen in der Form von *Bibliothecae Johannishartmanni Beyeri. Franc., Ad Bibliotheca Johannishartmanni Beyeri: Francofurtensis* oder *Sum Johannishartmanni Beyeri, Franc.* erkennbar (Abb. 1).

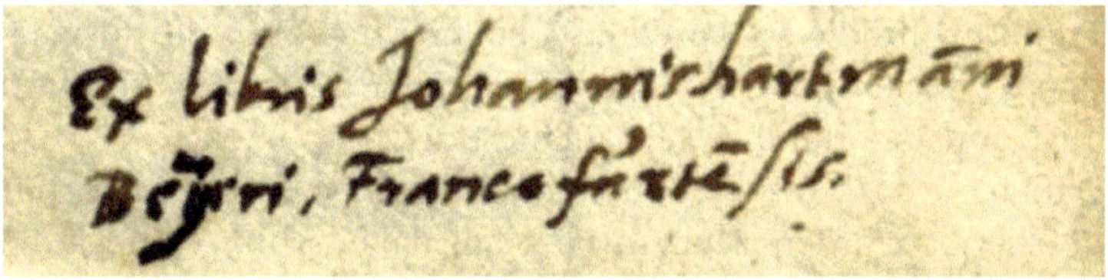

Abb. 1a: Titelblatt mit Besitzeintrag Beyers (Anat 701)

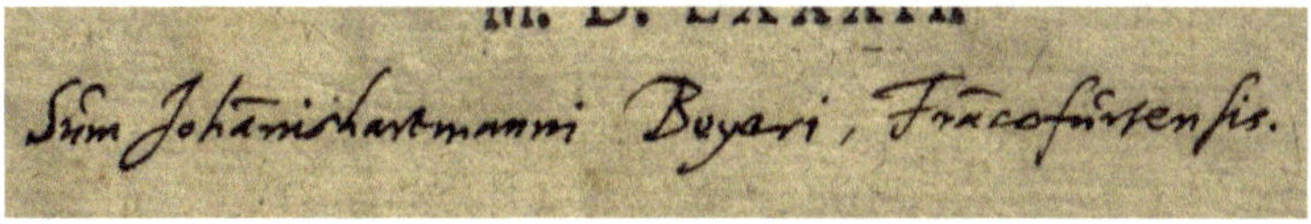

Abb. 1b: Titelblatt mit Besitzeintrag Beyers (Auct med P 1)

Von besonderem Interesse sind nun diejenigen Bände, die durch Widmungen oder durch sonstige Eintragungen als Geschenke an Hartmann oder Johannes Hartmann Beyer identifizierbar sind. Es handelt sich hier um 20 Bände, also etwas mehr als zehn Prozent des erhaltenen Bestandes, oder zwei Prozent des ursprünglichen Gesamtbestandes. Auch wenn es angesichts der insgesamt kleinen Zahl wohl nicht erlaubt ist, diese wenigen Bände als repräsentativ für die ganze Sammlung anzusehen, so werfen sie doch ein bezeichnendes Licht auf die anfangs gestellte Frage, wie die beiden Beyers zu ihren Büchern gekommen sind. Grundsätzlich werden sie wohl einerseits die sehr guten Kaufmöglichkeiten genutzt haben, die ihnen die in Frankfurt ansässigen Drucker und Verleger geboten haben; es wurde ja oben schon die von Peter Patiens geäußerte Vermutung zitiert, dass Hartmann Beyer zu einem Gutteil seiner Bücher durch die Arbeit für die Frankfurter Drucker gekommen sei. Die Zusammenarbeit mit Peter Braubach für die Schriften Joachim Westphals ist hier nur ein Beispiel. In der Tat zeigt die Auswertung der im Inventar angegebenen Druckorte, dass Frankfurt mit 370 Drucken hier den ersten Platz einnimmt. Auf der anderen Seite hatten sie die Möglichkeit, auf den beiden halbjährlichen Messen in Frankfurt fündig zu werden, wobei hier nicht nur die auswärtigen Drucker und Verleger ihre eigenen Drucke, sondern auch sonstige Händler gebrauchte Bücher anboten.[1]

Daneben sind ihnen aber auch immer wieder Bücher geschenkt worden. Den Anfang hat dabei wohl, wenn auch indirekt, Wilhelm Nesen gemacht, der erste Rektor des Frankfurter Gymnasiums. Von ihm stammen vier Bände aus Hartmann Beyers Besitz, wobei einer dieser Bände, eine Ars Grammatica von 1500,[2] zeitweise Hieronymus Lachner gehört hatte. Lachner hatte 1508 zusammen mit anderen jungen Baslern die Humanistenschule in Schlettstatt besucht[3] und sich 1511 an der Tübinger Universität als *Hieronymus Lachner*

[1] Wittmann (2019), S. 62–71; und Zülch/Mori (1920).

[2] Diomedes, Ars grammatica. Venedig: Johannes Tacuinus, 1550 (GW 8407). Frankfurt a. M., UB, Inc. qu. 573 (Ohly/Sack, Nr. 1024, S. 188).

[3] Rudolf Wackernagel, Geschichte der Stadt Basel. Dritter Band. Basel 1924, Seite 20*.

de Basilea clericus & studens immatrikuliert.[4] Es ist zu vermuten, dass er ein Verwandter, vielleicht sogar der Sohn des Basler Buchdruckers und Verlegers Wolfgang Lachner († 1518) war, der durch die Heirat seiner Tochter Gertrud 1510 mit dem Drucker Johannes Froben († 1513) dessen Schwiegervater wurde und nach dessen Tod maßgeblich in der Frobenschen Druckerei mithalf. Wilhelm Nesen († 1524)[5] hatte 1514 in Basel studiert und war dort auch in der Frobenschen Druckerei tätig; offensichtlich hatte er dem zu dieser Zeit frisch examinierten Lachner das Exemplar der Grammatik für sein Studium gegeben, wie der Eintrag und die Abschiedsgrüße Nesens auf dem Titelblatt zeigen: *D. IHeronimo Lachner baccalaureo excelenti (?) ingenij iuveni Guilelmus Nesenus S. Peti*[*u*]*eras a me IHeronime clarissime, quod tibi hoc Diomedis clarissimos in latinam linguam* [durchgestr., darüber *grammaticam*] *commentarios accomodate darem, ego enim, quae mea est liberalitas, dono minerique misi […] Vale. Basileae AN. M. D. X.IIII.* (Abb. 2).[6] Hier, wie auch bei den drei anderen Büchern Nesens im späteren Besitz Beyers – Ciceros ‚De inventione',[7] die ‚Moriae Encomium declamatio' des Erasmus von Rotterdam[8] und ein Sammelband mit vier grammatischen

[4] Hermann Mayer, Die Matrikel der Universität Freiburg im Breisgau von 1460–1656. 1. Band. Einleitung und Text. Freiburg i. Br. 1807, S. 197.

[5] Zu Nesen s. G. E. Steitz, Der Humanist Wilhelm Nesen, der Begründer des Gymnasiums und erste Anreger der Reformation in der alten Reichsstadt Frankfurt a. M. In: Archiv für Frankfurts Geschichte und Kunst. NF 6 (1877), S. 36–160.

[6] Frankfurt a. M., UB, Inc. qu. 573, Titel (Ohly/Sack, Nr. 1024, S. 188). („Wilhelm Nesen entbietet dem nach seiner Begabung vortrefflichen, jugendlichen Baccalaureus Hieronymus Lachner seinen Gruß. Du hast von mir erbeten, oh erleuchtester Hieronymus, dass ich dir die erleuchteten Kommentare zur lateinischen Grammatik des Diomedes gebe. Ich gebe dir also jene, weil dies meiner Großzügigkeit entspricht, und habe sie zugeschickt. […] Lebe wohl. Basel im Jahr 1514.")

[7] Cicero, De inventione. Venedig 1470 (GW 6733). Frankfurt a. M., UB, Inc. qu. 579 (Ohly/Sack, Nr. 868, S. 159).

[8] Erasmus von Rotterdam, Moriae Encomium declamatio. Paris 1512. Ders., De duplici Copia rerum ac verborum commentarii duo. Paris 1512. Frankfurt a. M., UB, Einband-Slg. 661 Nr. 1–2.

Texten von Gianfrancesco Boccardo[9] – ist allerdings nicht klar, wie Beyer an diese Bücher gekommen ist. Als Nesen 1520 seine Bestallungsurkunde für die neu gegründete ‚Junkerschule' erhielt, war Hartmann Beyer gerade fünf Jahre alt, und als dieser auf die neue Schule geschickt wurde, war Wilhelm Nesen schon 1523 nach Wittenberg gegangen, wo er 1524 in der Elbe ertrank. Vielleicht sind die Bücher von dem Nachfolger Nesens am Frankfurter Gymnasium, Jacob Mycillus, vielleicht aber auch erst in Wittenberg an Hartmann Beyer zu dessen Studienzeit verkauft oder geschenkt worden.

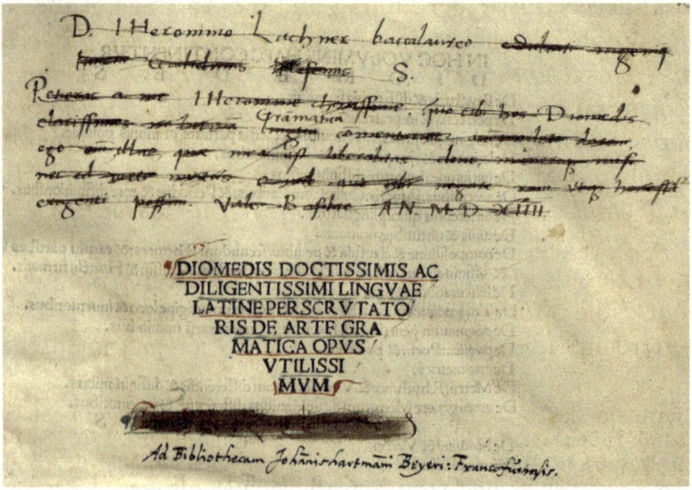

Abb. 2: Titelblatt mit Eintrag Lachners und Beyers (Inc. qu. 573)

In Wittenberg jedenfalls wird Beyer nicht nur mit dem Kauf zahlreicher Bücher begonnen haben, wie es an dem Inventar abzulesen ist, sondern ihm sind offensichtlich auch von seinen Freunden und Lehrern Exemplare ihrer Bücher überlassen worden. Dabei ist auffällig, dass es jetzt nicht mehr die Werke

[9] Gianfrancesco Boccardo, Pyladae Brixiani Carmen Scholasticum. Turin 1508; Ders., Grammatica Pyladis. Turin 1509; Ders., Piladae In Alexandrum De Villa Dei Annotationes. Turin 1509; Ders., Vocabularivm Pylade. Turin 1512. Frankfurt a. M., UB, Einband-Slg. 667 Nr. 1–4.

wie die genannten Grammatiken sind, die Beyer für seine humanistische Ausbildung benötigte, sondern Grundlagentexte des theologischen Studiums. Darunter überwiegen die Psalmen und ihre Kommentare. Das Exemplar des Psalmenkommentars Luther aus dem Jahr 1542[10] wurde schon genannt; ein weiterer Psalmenkommentar von Johannes Aepinus aus dem Jahr 1545[11] enthält einen handschriftlichen Eintrag von Melanchthon, stammt also vielleicht aus dessem Besitz. Bei einem weiteren Psalter, diesmal in hebräischer Sprache, ist der Besitzweg außergewöhnlich gut zu verfolgen. In dem Exemplar einer hebräischen Bibel aus dem Jahr 1494, von der wohl schon zu Beyers Zeit nur noch der Psalmenteil erhalten war,[12] hat Beyer eingetragen: *D. Johannes Reuchlin*

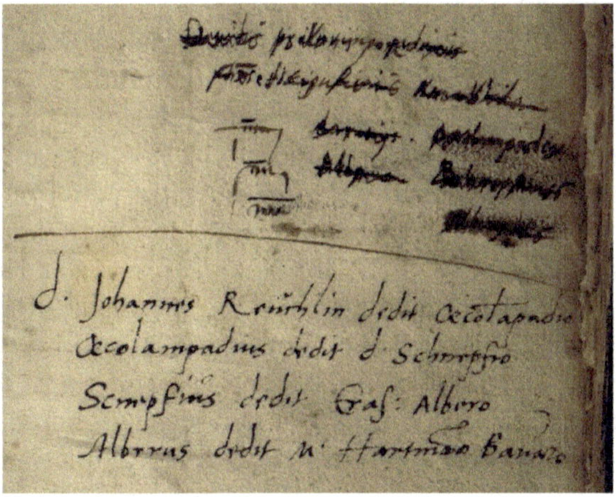

Abb. 3: Eintrag zu den Besitzerwechseln
(Inc. hebr. 56; letztes [erstes] Blatt)

[10] Martin Luther, In Quindecim Psalmos Graduum Commentarii. Straßburg: Müller, Kraft, 1542 (VD 16 L 4993). Frankfurt a. M., UB, Ausst. 229. Vgl. oben S. 68.

[11] Johannes Aepinus, Commmentarius in Psalmum XIX. Frankfurt a. M.: Peter Braubach, 1545 (VD16 A 363). Frankfurt a. M., UB, W 42.

[12] Biblia hebraica. Brescia: Geršom Ben-Moše Soncino, 1494 (GW 4200). Frankfurt a. M., UB, Inc. hebr. 56 (nur 40 Psalmen) (Ohly/Sack, Nr. 504, S. 92).

dedit Oecolampadio. Oecolampadius dedit d. Schnepfio. Scnepfius dedit Eras: Albero. Alberus dedit m. Hartmanno Bauaro (Abb. 3).[13]

Johannes Oekolampad († 1531), von 1510 bis 1518 Pfarrer an der Johanneskirche in Weinsberg und seit 1523 Professor der Theologie in Basel, hatte Johannes Reuchlin († 1522) schon während seiner Studien 1512/13 in Tübingen kennengelernt. Erhard Schnepf († 1558) war als lutherischer Prädikant seit 1520 Nachfolger von Oekolampad in Weinsberg und führte 1534, nach diversen Umwegen, auf Bitten von Herzog Ulrich in Württemberg die Reformation durch. 1544 erhielt er eine theologische Professur in Tübingen, wurde aber vier Jahre später wegen seines Widerstandes gegen das Interim entlassen und ging dann nach Jena.

Sein Sohn Dietrich Schnepf († 1586), der vielleicht mit *d. Schnepfio* gemeint ist, hatte nach einem Studium in Tübingen 1554 ebendort den Doktorgrad der Theologie erlangt. Wo er oder sein Vater mit Erasmus Alberus († 1553) bekannt geworden waren, ist unbekannt;[14] Alberus hatte von 1520/21 bis 1525 in Wittenberg studiert und wurde dort nach verschiedenen Pfarrstellen 1543 von Luther zum Doktor der Theologie promoviert. Wahrscheinlich wird er hier auch Hartmann Beyer kennengelernt haben, mit dem ihn außerdem die Herkunft aus dem Frankfurter Raum verband. So ist der Weg des hebräischen Psalteriums von den jeweils Älteren auf die Jüngeren, von den Lehrern auf die Schüler gut nachzuverfolgen.

[13] Ebd., letztes Nachsatzblatt.

[14] Eine Verbindung könnte die Stiftsschule in Weilburg sein, die Alberus als Jugendlicher bis ungefähr 1520 besucht hatte; Erhard Schnepf war 1524 als lutherischer Prediger nach Weilburg berufen worden. Auch wenn eine direkte Bekanntschaft aus dieser Zeit so eigentlich eher unmöglich ist, könnte dadurch doch ein späterer Kontakt geknüpft worden sein. Zu Alberus und Schnepf in Weilburg vgl. Germania Sacra. NF 27, 6: Die Stifte St. Walpurgis in Weilburg und St. Martin in Idstein. Berlin, New York 1990, S. 66–69 (Schnepf) u. 198 (Alberus).

Noch einen weiteren Band hat Beyer vielleicht geschenkweise in Wittenberg erhalten, dessen Erstbesitzer aber nicht mehr bekannt ist. Es handelt sich dabei um einen Sammelband mit vornehmlich Leipziger Drucken des 15. und des frühen 16. Jahrhunderts, enthalten sind in der Hauptsache antike und humanistische Werke.[15] Da der Band auf der ersten Seite den Vermerk *Wittenbergae 1527* trägt, Beyer aber erst 1534 an die dortige Universität ging, muss er ihn als solchen dort später gekauft oder geschenkt bekommen haben.
Nach der Rückkehr aus Wittenberg und dem Antritt der Prädikantenstelle in Frankfurt im Jahr 1546 änderten sich nun sowohl die Schenkenden wie auch der Inhalt der Werke. Es sind nun nicht mehr die Lehrer und Förderer, sondern die neuen Kollegen und insbesondere die Frankfurter Buchdrucker, die Hartmann Beyer mit entsprechenden Büchern vielleicht gewogen machen wollten oder sich für die Zusammenarbeit bedankten. Vielleicht als Antrittsgeschenk und gleichzeitig als Gruß aus Wittenberg verehrte Jacobus Arentius (Dürr; † 1579), der sich 1555, also lange nach dem Weggang Beyers, in Wittenberg immatrikuliert hatte und 1568 eine Prädikantenstelle in Frankfurt antrat,[16] eine 1556 in

[15] Dominicus Mancinus, De passione Christi. Leipzig 1500 (GW M2037824). Dares Phrygius, De excidio Troiae historia. Leipzig 1498 (GW 7991). Vergilius, Georgica. Leipzig 1498 (GW M50077). Horaz, Liber epodon. Leipzig 1498 (GW 13518). Dietrich Gresemund, In septem artium liberalium defensionem dialogus. Leipzig 1501 (VD16 G 3186). Philippus Beroaldus, De duobus amantibus. Leipzig 1496 (GW 4107). Baptista Mantuanus, Aeglogae Vergilij Neoterici. Erfurt 1501 (VD16 S 7163). Leonardo Aretino, Gracchus et Poliscena comoedia. Leipzig 1500 (GW 5611). Frankfurt a. M., UB, Inc. oct. 25, Nr. 1–9 (Vgl. Ohly/Sack, Nr. 1860, S. 343, u. die Nrr. 991, 2904, 1489, 3035, 492, 742).

[16] Lersner, I, 2 (1706), S. 65; Enders, Verzeichniss der Frankfurter, welche in Wittenberg von Gründung der Universität an bis zum Todesjahre Melanchthons (1502–1560) studirten. In: Mittheilungen an die Mitglieder des Vereins für Geschichte und Alterthumskunde in Frankfurt a. M. 4 (1869–1873), S. 171–174, hier S. 174.

Wittenberg gedruckte Schrift Melanchthons.[17] 1571 schenkte ihm der Drucker Johannes Lucienbergius († 1588)[18] zur Frankfurter Herbstmesse das ‚Seelartzneibuch' des Matheus Orneus, das gerade erschienen war.[19] Lucienberger hatte im Jahr zuvor die Druckerei seines Schwiegervaters Peter Braubach († 1567) erworben, mit dem Beyer eng zusammengearbeitet hatte; vielleicht wollte er mit diesem Geschenk für eine Zusammenarbeit auch mit ihm werben. Im selben Jahr hatte er schon den Kommentar Beyers zum ‚Tractatus de Sphaera' neu herausgebracht,[20] und ein Jahr später erfolgte eine Neuauflage des ‚Catechismus' von Johannes Brenz in der Übersetzung von Hartmann Beyer.[21] Danach allerdings war Lucienberger wenig erfolgreich; 1573 erfolgte noch ein Druck, ebenfalls eine Neuauflage,[22] und die Firma ging in den Ruin.

Einen Band der ‚Ephemeriden' schließlich hatte nicht Hartmann Beyer, sondern erst dessen Sohn aus dem Besitz seines Großvaters Sebastian Ligarius bekommen,[23] der nicht nur der Schwiegervater Hartmann Beyers, sondern auch dessen Amtsvorgänger als Prädikant in Frankfurt war. Da Beyer dessen Tochter erst nach dessen Tod 1545 geheiratet hatte, wird sein Buchbesitz erst auf die Tochter übergegangen sein; diese

[17] Philipp Melanchthon, De Capta Constantinopoli, Anno 1453. Oratio: Recitata cum decerneretur gradus Doctoris Reuerendo D. Paulo ab Eizen Superintendenti Ecclesiae Dei in inclyta urbe Hamburga. / A Georgio Maiore Doctore. Wittenberg 1556 (VD 16 M 2620). Frankfurt a. M., UB, Ms. germ. oct. 42 Nr. 4.

[18] Zu Lützenberger Benzing (1977), Sp. 1207.

[19] *Reverendo atque doctissimo viro Domino M. Hartmanno Beyero, verbi Dei in Ecclesia Francofurdania promulgatori [...] hunc librum in Nundinis autumnalbus dono dedit Joannes Lucienbergius Art. libr. M. Bibliopola. Anno 1571.* Matheus Orneus, Trost Oder Seelartzneibuch. Frankfurt a. M. 1571 (VD16 V 2106). Frankfurt a. M., UB, N. libr. Ff. 5050.

[20] VD16 B 2498.

[21] VD16 B 7572.

[22] VD16 H 1789.

[23] Johannes Stöffler [u. a.], Almanach noua plurimis annis Venturis inseruientia. Venedig 1511. Frankfurt a. M., UB, Einband-Slg. 568.

jedenfalls schenkte das Buch erst später ihrem Sohn, wie dessen Eintrag *Sebastiani Ligarij Moguntini 1529 Battenfeldij (avi materni Johannishartm. Beyeri Fr.)* zeigt (Abb. 4).

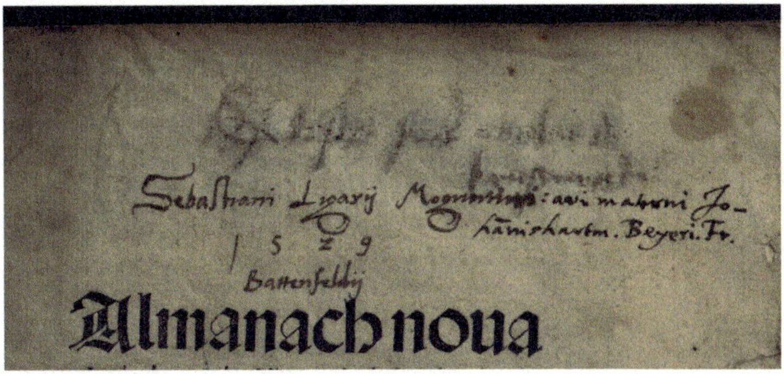

Abb. 4: Titelblatt mit Besitzeintrag von S. Ligarius und Zusatz von Beyer *avi materni Johannishartm. Beyeri Fr.* (Einband-Slg. 568)

Wann dieses Geschenk mütterlicherseits erfolgt ist, hat Johannes Hartmann Beyer leider nicht notiert; da die ,Ephemeriden' aber zur Berechnung des Stands der Gestirne benötigt werden, kann vielleicht angenommen werden, dass es schon in jungen Jahren, als Beyer sich mit der Konstruktion von Sonnenuhren befasste, erfolgt ist. Auch eine griechische Grammatik besaß Beyer schon im Alter von zwölf Jahren,[24] wobei der Eintrag *Sum ex libris Iohannis Hartmanni Bejeri Anno 1575* zeigt, dass er zu dieser Zeit wohl schon über eine nicht geringe Anzahl von Büchern verfügte. Dass und wie er sich zu Beginn seines Studiums in Tübingen – zu dem er sich übrigens schon stolz als Magister einschreiben ließ (Abb. 5)[25] – von seinem Vor-

[24] Martin Crusius, Grammaticae Graecae, cum Latina congruentis (nicht im VD 16). Basel 1556. Frankfurt a. M., UB, Einband-Slg. 642.

[25] *M.*[*agister*] *Joannes Hartmannus Beÿer Francofurtensis*. Tübingen, UB, Matricula universitatis, UAT 5/27, Bd. 4, 1564-1585, f. 68v (http://idb.ub.uni-tuebingen.de/opendigi/UAT_005_27#p=146).

mund Matthias Ritter Bücher besorgen ließ, wurde schon gesagt; in Tübingen wurde Beyer aber auch selbst aktiv, indem er seinen Kommilitonen Bücher abkaufte.

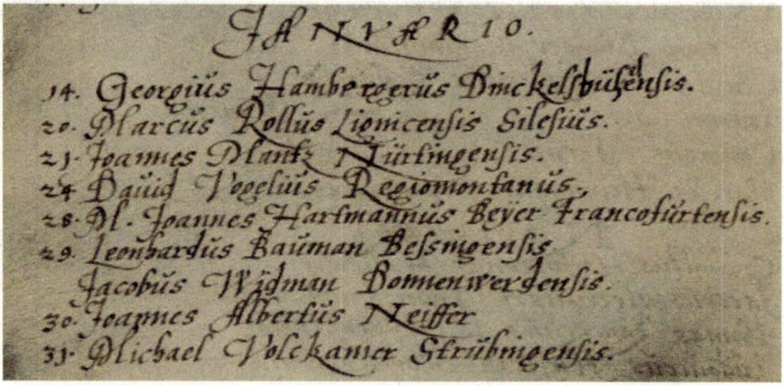
Januario.
14. Georgius Hambergerus Bruckelsbuhensis.
20. Marcus Rollus Lignicensis Silesius.
21. Joannes Mantz Nürtingensis.
24. David Voegelius Regiomontanus.
28. M. Joannes Hartmannus Beyer Francofurtensis.
29. Leonhardus Bauman Bessingensis
Jacobus Widman Bonnenwerdensis.
30. Joannes Albertus Neiffer
31. Michael Volckamer Strubingensis.

Abb. 5: Eintrag J. H. Beyers in der Matrikel der Universität Tübingen im Wintersemester 1584/85

So hatte ein Johannes Porcimontanus Hassus 1584 in Tübingen zwei alte Ausgaben von Lambertus de Monte zur aristotelischen Physik sowie zu ‚De anima' gekauft und dafür sechs Batzen bezahlt.[26] Unter den Studenten der Universität Tübingen ist ein Johannes Porcimontanus (sprich: Schweinsberger) Hassus zwar nicht nachzuweisen; ein halbes Jahr vor dem Studienbeginn Beyers immatrikulierte sich allerdings im Mai 1583 ein *Joannes Baun Francobergensis Hassus.*[27] Tatsächlich

[26] *Joh. Porcimontanus Hassus Tubingae emit 6* [*batzonib*]*us A*[*nn*]*o* [*15*]*84.* Lambertus de Monte, Copulata super octo libros Physicorum Aristotelis. Köln 1493 (GW M16784) und: Copulata super tres libros De anima Aristotelis. Köln 1494 (GW M16775). Frankfurt a. M., UB, Inc. qu. 1007, Nr. 1–2 (Ohly/Sack, Nr. 1774, S. 327 u. Nr. 1766, S. 326). Der Besitzeintrag auf f. 1a.

[27] Matrikel der Universität Tübingen, Mai 1583. Tübingen, UB, Matricula universitatis, UAT 5/27, Bd. 4, 1564-1585, f. 66r (http://idb.ub.uni-tuebingen.de/opendigi/UAT_005_27#p=141). Johannes Baun oder Buno stammte aus einer Frankenberger Ratsfamilie; ein Nachkomme gleichen Namens wurde im 17. Jahrhundert Professor für Theologie in Marburg.

gehörte Frankenberg an der Eder zu dieser Zeit zu dem Gericht der Schenken von Schweinsberg, so dass Johannes Baun vielleicht bei der Latinisierung seines Namens in humanistischer Manier den Herrschaftsnamen vorzog. Noch im Juni 1584 ging der Band in den Besitz Beyers über.[28] Angebunden an diese beiden Werke des Lambertus de Monte ist eine ebenfalls alte Ausgabe der Albertus Magnus zugeschriebenen ‚Philosophia pauperum', die ursprünglich einem Nicolaus Buchheim aus Bingen gehört hatte,[29] der allerdings zur Studienzeit Beyers in Tübingen nicht nachweisbar ist. Deutlich wird jedenfalls, dass an der Tübinger Universität die nicht mehr benötigten Bücher, nicht anders als heute, von den älteren Studenten an die jüngeren weiterverkauft wurden und Beyer sich hier zu Anfang seines medizinischen Studiums die naturkundlichen Werke, die er dafür benötigte, auf diese Weise beschaffte.

Mit seiner beruflichen Tätigkeit in Frankfurt erhielt Johannes Hartmann Beyer wie sein Vater Bücher von den Kollegen oder von den mit ihm verbundenen Druckern. Wie nicht anders zu erwarten, sind es vor allem medizinische Bücher, die ihm geschenkt wurden. So überließ ihm der Wiener Arzt Johann Baptista Gemma seine 1584 gedruckte Arbeit über die Pestbeulen;[30] zu dem selben Thema schenkte ihm Anfang des 16.

[28] *Johannes hartmannus Beyer Francof. An. 84. Mense Jun. possessor.* Ebd.

[29] Ps.-Albertus Magnus, Philosophia Pauperum. Leipzig 1496 (GW 714). Frankfurt a. M., UB, Inc. qu. 1007, Nr. 3 (Ohly/Sack, Nr. 58, S. 11). Auf dem leeren Schlußblatt der Philosophia Pauperum findet sich ein Besitzeintrag *Nicolaus buchheim von bingen* (?) (Ohly/Sack, S. 11). Da in Beyers Inventar die beiden Lambertus de Monte-Werke als ein Band und der Ps.-Albertus ebenfalls als ein Band erscheinen (*Comment. et quæstiones Lamberti de Monte, Theologi, in Aristotelis libros IIX Physicanum, et libros III de Anima. Colon. 1493. Summa Naturalium Magni Alberti. A.° 1496*; Inventar, S. 82), kann man vielleicht davon ausgehen, dass sie erst Beyer hat zusammenbinden lassen.

[30] Johannes Baptista Gemma, Methodus curandi bubonis, carbunculique pestilentis. Graz 1584 (VD16 G 1110). Frankfurt a. M., UB, Path. 312a, Nr. 2.

Jahrhunderts der Ulmer Stadtarzt David Verbez († 1644) seine Veröffentlichung über die Pest.[31] Einen chirurgischen Sammelband von Conrad Gessner aus dem Jahr 1555[32] dagegen bekam er nicht von einem Mediziner, sondern von einem der Nachfolger seines Vaters, Nicodemus Ulnerus, der zuerst Pfarrer in Bornheim, damals noch ein Vorort von Frankfurt, gewesen war,[33] ehe er in den neunziger Jahren eine Prädikantenstelle in Frankfurt bekam und wie Hartmann Beyer aktiv gegen die reformierte Gemeinde beim Rat Stellung bezog.[34] Vielleicht wollte er sich mit dem Geschenk dieser für einen Pfarrer eigentlich wenig nützlichen Chirurgie bei Johannes Hartmann Beyer Unterstützung erbitten, zumal er ja auch die Position des Vaters vertrat.

Auch ein weiteres Werk kam, wenn auch indirekt, aus dem Kollegenkreis. 1596 schenkte ihm ein Teucrius Annaeus Priuatus eine Schrift des Girolamo Capivaccio über die Syphilis,[35] wobei nach Ausweis des Titelblatts die Vorlage des Druckes aus dessen Bibliothek stammte. Dieser Teucrius Annaeus Privatus („Der trojanische Privatmann Aneas") hatte auch die deutsche Übersetzung der ‚Histoire d'un voyage fait en la terre du Brésil' von Jean de Léry (Johannes Lerius, † 1613)[36] angefertigt, die 1593 zusammen mit Hans Stadens Reisebericht nach Amerika in Frankfurt bei Dietrich Bry veröffentlicht

[31] David Verbez, Exercitationum Medicarum, Super Disputatione quadam De Peste. 1618 (VD 17 12:157768U). Frankfurt a. M., UB, Path. 307, Nr. 2.

[32] Chirurgia. De chirurgia scriptores optimi quique veteres et recentiores. Zürich 1555 (VD16 G 1707). Frankfurt a. M., UB, Chir. 102.

[33] Lersner, I, 2 (1706), S. 65.

[34] Friedrich Scharff, Die Niederländische und die Französische Gemeinde in Frankfurt a. M. In: Archiv für Frankfurts Geschichte und Kunst 2 (1862), S. 245–317, hier S. 269.

[35] Girolamo Capivaccio, Acroaseis de virulentia gallica, siue Lue Venera. Frankfurt a. M. 1594 (VD16 C 854). Frankfurt a. M., UB, Chir. 630 Nr. 2.

[36] Jean de Léry, Histoire d'un voyage fait en la terre du Bresil. Genf 1578 (USTC 54222).

wurde;[37] zuvor hatte er schon Hans Stadens Bericht ins Lateinische übersetzt und 1592 veröffentlicht.[38] Es handelt sich dabei natürlich um ein Pseudonym, hinter dem sich Johann Adam Lonicerus († nach 1599), ein Frankfurter Humanist, verbirgt. Dieser war wiederum der Sohn von Adam Lonitzer († 1586), in Marburg Professor der Medizin und seit 1554 in Frankfurt als Stadtarzt tätig. Der Ablauf ist also wohl so vorzustellen, dass nach dem Tod von Adam Lonitzer dessen Sohn die Neuauflage der Syphilisschrift Capivaccios dem neuen Stadtphysikus Beyer verehrte; interessanterweise besaß Beyer nach Ausweis des Inventars noch eine frühere Ausgabe dieses Werks,[39] so dass vielleicht anzunehmen ist, dass es sich dabei um die Vorlage des Egenolff-Druckes aus der Bibliothek Lonitzers handelte und diese Beyer zusammen mit dem Nachdruck überlassen wurde. Der Vorbesitzer eines weiteren Werks ist schließlich nicht zu identifizieren. Ein ansonsten unbekannter M. Zachar. Palisus schenkte nach 1596 Beyer ein Arzneibuch des Giovanni Paolo Pernumia.[40]

Von besonderem Interesse für die Erwerbsmöglichkeiten der beiden Beyers ist schließlich ein Band, der ursprünglich einmal dem Pfalzgrafen Ottheinrich in Neuburg bzw. Heidelberg

[37] Hans Staden, Dritte Buch Americae, Darinn Brasilia. Frankfurt a. M. 1593.

[38] Americae tertia pars memorabilem provinciae Brasiliae historiam continens, germanico primùm sermone scriptam a Ioanne Stadio Homburgensi Hesso, nunc autem latinitate donatam à Teucrio Annaeo Privato. Addita est Narratio profectionis Ioannis Lerij in eamdem provinciam. O. O. 1592 (VD16 ZV 14652).

[39] *De Lue Venerea: Hieron. Capivacciius. Spiræ: 1590* (Inventar, S. 114). Hieronymi ... de Lue Venerea acroaseis. Speyer 1590 (VD 16 C 853).

[40] Nova ac plane singularis corporis humani affectus praeter naturam medendi ratio Iohan. Pauli Pernumia Patavini Medici. Frankfurt a. M. 1596 (VD16 ZV 12299). Frankfurt a. M., UB, Chir. 630 Nr. 1.

Abb. 6: Supralibros Ottheinrich (Einband-Slg. 34)

gehört hatte, wie an dem Supralibros *Otthainrich Von G G Pfaltzgrave Bey Rhein Hertzog In Nidern Vnd Obern Bairn 1550* zu erkennen ist (Abb. 6).[41] Geht man von den Druckjahren aus, könnte der Band sowohl von Hartmann Beyer wie von Johannes Hartmann Beyer gekauft worden sein.

[41] Albrecht Dürer, Pictoribus, fabris erariis ac lignariis quatuor his suarum institutionum geometricarum libris, lineas, superficies et solida corpora tractavit. Paris 1532 (USTC 181404). Petrus Apian, Introductio Geographica. Ingolstadt 1533 (VD16 A 3090). Ders., Quadrans. Ingolstadt 1532 (VD16 A 3110). Ders., Horoscopion. Ingolstadt 1533 (VD16 A 3085). Johannes ab Indagine, Chiromantia. Straßburg 1534 (VD16 R 3110). Jean Pèlerin, De Artificiali P[er]spectiva. Tours 1505 (USTC

Der Inhalt mit Dürers ‚Unterweisung der Messung' oder Pélerins ‚Artificialis Perspectiva' spricht allerdings eher für den Sammelschwerpunkt des Sohnes. Es fragt sich dann allerdings, wie er frühestens ab den neunziger Jahren, als er sich für dieses Thema zu interessieren begann, an einen Band aus der Bibliothek Ottheinrichs gekommen ist. Da der Einband die Jahreszahl 1550 trägt, muss er noch zu der Zeit zusammengebunden worden sein, als Ottheinrich sich in Heidelberg und Weinheim aufhielt, ehe er 1552 nach Neuburg zurückkehren konnte und 1556 seinen Wohnsitz endgültig wieder nach Heidelberg verlegte. Die Zeit des Exils in Heidelberg und Weinheim verbrachte Ottheinrich mit der intensiven Suche und Beschaffung von Büchern;[42] seine Bezeichnung in der Zimmerschen Chronik als ein zweiter Nebukadnezar ist legendär. Dass angesichts einer solchen geradezu obsessiven Bücherjagd der Band wohl erst nach Ottheinrichs frühem Tod 1559 aus seiner Bibliothek verschwunden ist, obwohl auch er schon Dubletten aussonderte,[43] ist anzunehmen. Nach 1559 ging ein Teil der Bücher zu dem Erben, Pfalzgraf Wolfgang von Zweibrücken in Neuburg, ein kleinerer Teil von 132 Bänden blieb in Heidelberg.[44] „Die Geschichte der Neuburger Bücher liegt von da ab völlig im Dunkeln: wir wissen nur, dass kein guter

110627). Johann Huttich, Collectanea antiquitatum in urbe, atque agro Moguntino repertarum. Mainz 1525 (VD16 H 6468). Cornelius Grapheus, Spectaculorum in susceptione Philippi Hispaniae principis, divi Caroli V caesaris F. anno M.D.XLIX. Antverpiae aeditorum, mirificus apparatus. Antwerpen 1550 (USTC 400823). Frankfurt a. M., UB, Einband-Slg. 34 Nr. 1-8.

[42] Vgl. Karl Schottenloher, Pfalzgraf Ottheinrich und das Buch. Ein Beitrag zur Geschichte der evangelischen Publizistik. Mit Anhang: Das Reformationsschrifttum in der Palatina. Münster in Westf. 1927, bes. S. 5–12.

[43] „Nachdem wir alts Pergament zu Einbindung etlicher unserer Bücher lassen zu gebrauchen mangeln, aber viel alte übernommene Bücher zu Neuburg vorhanden sind, so wollest eins oder zwei pergamene Bücher dem Gärtner und hieher zu bringen zustellen." Ottheinrich 1545 an seinen Kanzleiverwalter in Neuburg. Zitat nach Schottenloher (Anm. 42), S. 11, Anm. 21.

[44] Schottenloher (Anm. 42), S. 17.

Stern über ihnen stand. Nicht alle Fürsten Pfalz-Neuburgs sind so begeisterte Bücherfreunde wie Ottheinrich gewesen. So verschwand in der Folge der Zeiten ein Stück nach dem andern aus dem Neuburger Schlosse",[45] worunter sich wohl auch der Band aus Beyers Besitz befunden haben muss. Wie Beyer dann an den Band gekommen ist, muss offen bleiben; es ist jedoch anzunehmen, dass er ihn von einem der Bücherhändler auf der Frankfurter Messe gekauft hat, die dort ihrer Waren anboten.[46] Dass ihn der durch das Supralibros augenscheinliche fürstliche Vorbesitz und die daraus zumindest zu vermutende offensichtliche Illegalität des Verkaufs nicht gestört haben, wirft zumindest ein bezeichnendes Licht auf seine Bücherleidenschaft.

[45] Schottenloher (Anm. 42), S. 17. Vgl. dazu auch Armin Schlechter u. Bettina Wagner, Von der Neuburger Kammerbibliothek zur ‚Bibliotheca Palatina'. Ottheinrichs Bücher und ihre Einbände. In: Bettina Wagner (Hg.), Bibliotheken in Neuburg an der Donau. Sammlungen von Pfalzgrafen, Mönchen und Humanisten. Wiesbaden 2005, S. 137–154, hier S. 150–154. Eine bibliographische Übersicht über die Literatur zu den heute in anderen Bibliotheken vorhandenen Ottheinrich-Bänden ebd. S.138, Anm. 4.

[46] Vgl. dazu Wittmann (2019); und Zülch/Mori (1920).

Das Nachleben Beyers in Wissenschaft, Literatur und Öffentlichkeit

Nachdem Johann Hartmann Beyer sich in Frankfurt als Arzt etabliert hatte, nahm er 1597, wie er schreibt, *als ich mich je zuweilen (so viel ich anderer meiner Amptsgeschäfften halben Zeit hatte) in den Mathematischen Künsten erlustierte,*[1] seine geometrischen Studien wieder auf. Sechs Jahre später, im Jahr 1603, brachte er als Ergebnis seine beiden ersten einschlägigen Arbeiten in den Druck: die ‚Stereometriae Inanium Nova et Facilis Ratio'[2] und ‚Ein newe und schöne Art der Vollkommenen Visier-Kunst'.[3] Ging es bei ersterer um eine Einführung in die Berechnung und Konstruktion dreidimensionaler Körper für Anfänger (*ad tyrones*), etwa von Quadern, polygonen Körpern, Pyramiden, Zylindern, Kegeln und Kugeln, sowie die dafür erforderlichen Rechenregeln und -tabellen mit zahlreichen Beispielrechnungen, die dann für die Fortgeschrittenen im Detail ausgeführt werden (wobei die lateinische Sprache deutlich zeigt, dass es sich bei den Adressaten um Schüler oder Studenten handelt), so richtete sich der zweite Text sowohl an den ungelehrten Praktiker wie an den Hersteller der Visierstäbe, bei dem einige Kenntnisse der praktischen Geometrie vorausgesetzt werden. Dementsprechend ist auch dieses Buch zweigeteilt: in *einen Summarische[n] Begriff vnd Innhallt der new erfundenen Visierkunst: Für die anfahende vnd noch vngeübte Visierer,*[4] und in eine *Stereometrey: das ist / Gründliche / vnd vollkomene Visierkunst: darinnen die zubereitung / vnd rechter gebrauch mancherley gattung Visierruthen / auß geometrischen Fundamenten ercläret / vnd bewiesen: auch nicht wenig biß dato eingerißne schädliche jrrungen entdeckt*

[1] Beyer, Logistica decimalis (1619), S. 22.
[2] Frankfurt a. M.: 1603.
[3] Frankfurt a. M.: 1603.
[4] Der *Summarische Bericht* hat eine eigene Paginierung von 1–68; im Folgenden zitiert als Visier-Kunst, I (1603).

werden.[5] Mit diesen ‚Irrungen‘ bezog sich Beyer auf eine zu dieser Zeit schon hundertfünfzigjährige Tradition,[6] die den ‚Visierer‘, dass heißt denjenigen, der im Auftrag eines Marktherren den Inhalt eines Fasses zu vermessen hatte, mit einfachen Mitteln versehen wollte, um ihn von der stereometrischen Rechnung zu entlasten. Dafür wurde ein Meßstab, die sog. Visierrute, hergestellt, mit dem man die Höhe eines Fasses und dessen Durchmesser abgreifen und ablesen konnte: *Ein Visierruth in gemeyn / ist ein gerader stab: darauff die cörporliche abmessung des raums oder platzes einer geeichten maß flüssiger materien / in einer regulirten Figur begriffen / verzeychnet / auch in derselbigen proportion künstlich fortgesetzt / vnd in zehende Scrupuln zerfellet: zu erkündigung des inhallts aller regulirten holen cörporn vnd geschirren dienende.*[7] Voraussetzung dafür war die Annahme, dass die Form eines Fasses ungefähr mit der eines Zylinders verglichen werden kann, wobei allerdings verständlicherweise die Volumenbestimmung nur näherungsweise zu erreichen war.

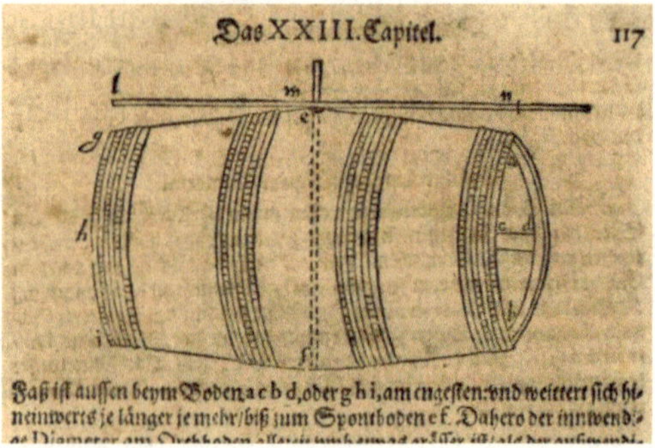

Abb. 1: Faßmessung (Visier-Kunst, II, 1603, S. 117)

Mit der Visierrute wurde dann der Durchmesser des Fassbodens und des Fasses in der Mitte, in der sich üblicherweise

[5] Im Folgenden zitiert als Visier-Kunst, II (1603), hier S. 1.
[6] Vgl. dazu Leibowitz (1933), Folkerts (1974), Folkerts (2008).
[7] Visier-Kunst (1603), II, S. 33.

das Spundloch befand, gemessen (Abb. 1) und das arithmetische Mittel gebildet; die Quadratzahl des mittleren Durchmessers, die mit $\frac{\pi}{4}$ multipliziert die durchschnittliche Querschnittsfläche des Fasses ergibt, konnte dann ohne Rechnung in einer sog. ‚Circultafel' (Abb. 2) abgelesen und mit der Länge des Fasses multipliziert werden, so dass das ungefähre Volumen des Fasses bestimmt war.

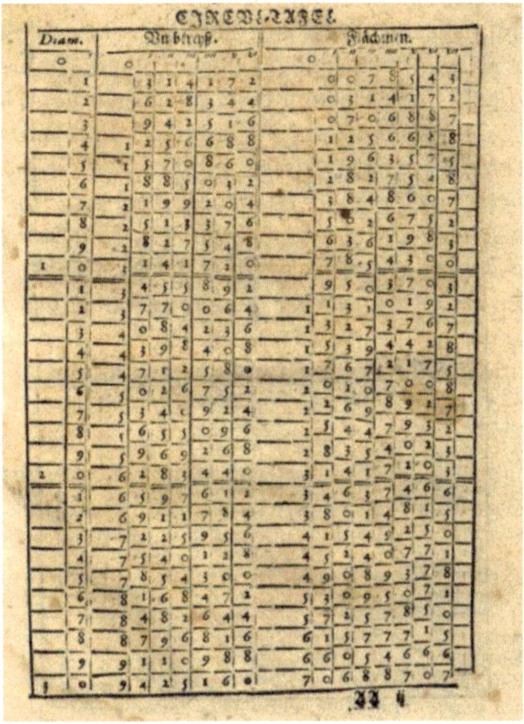

Abb. 2: Circultafel für die Ablesung der Fläche bei einem bestimmten Durchmesser (Visier-Kunst, 1603, Anhang)

Da nicht alle Visierer über ausreichende arithmetische und geometrische Kenntnisse verfügten und außerdem wohl bei der Volumenbestimmung zur Steuerfestlegung, etwa im

Markttrubel oder bei der Anlandung im Hafen, nicht immer ausreichend Zeit für die einzelnen Rechenschritte bestand (*Dieweil aber in eylender visierung / sonderlich deren Weinfaß / nicht allezeit gelegenheyt ist das Circultäflin mit sich zu tragen*[8]), wurde ein Teil der arithmetischen Operationen gleichsam durch eine entsprechende Konstruktion in die Visierstäbe verlegt. Bei der quadratischen Visierrute (von Beyer bezeichnet als *zylindrische Rute*) etwa konnte man die Querschnittsfläche direkt an dem Messstab ablesen, indem statt des Längenmaßes die jeweiligen Quadratzahlen als Maß der dazugehörigen Flächen eingetragen wurden: *Wiederumb hat die cylindrische* [Rute] *auch einen vortheyl: daß nemlich die seulrunde* [sc. zylindrische] *und conische Geschirre / mit derselbigen (weil die Bodenflächen / oder der innhallt / der Ruthen selbst einverzeychnet sind) ohne zuthun der Circultafel leichtlich können visiert werden.*[9] Bei der einfachen Quadrierung der jeweiligen Maßeinheiten führt dies zu der Zahlenreihe 1, 4, 9, 16, 25, etc., deren Zwischenschritte nicht mehr linear, sondern exponentiell verlaufen. Die entsprechenden Teilpunke 2, 3, 4, etc. wurden in einer geometrischen Operation gewonnen, indem in einem rechten Winkel das Maß 1 abgetragen und die Diagonale[10] an den Visierstab angelegt wurde, so dass sich der erste Teilpunkt als $\sqrt{2}$ ergibt (Abb. 3); diese Operation wurde immer wiederholt, bis alle Teilpunkte gewonnen waren. Wie auf der Abbildung gut zu

[8] Visier-Kunst (1603), I, S. 40.
[9] Visier-Kunst (1603), II, S. 35.
[10] Die dahinterstehende Überlegung ist, dass die so gewonnene Diagonale der Hypotenuse eines rechtwinkligen Dreiecks entspricht und damit nach dem Satz des Pythagoras der Wurzel aus der Quadratsumme der beiden Seiten ($c = \sqrt{a^2 + b^2}$). Für den Wert 2 ergibt sich so für die Diagonale $\sqrt{1^2 + 1^2} = \sqrt{2} = 1{,}41$ (in der Abb. auf der Visierrute abgetragen als a–f). Die weiteren Wurzeln für 3, 4, etc. werden gewonnen, indem erneut die Diagonale zwischen 1 und dem geometrisch gewonnenen Wert für $\sqrt{2} = 1{,}41$ gezogen wird und die so gewonnene Länge ($\sqrt{1{,}41^2 + 1^2} = \sqrt{3} = 1{,}73$ (in der Abb. u–f) auf der Visierrute abgetragen wird (in der Abb. als a–g); etc.

sehen ist, sind die Abstände zwischen 1, 4, 9 usw. (die ja die Quadrate und damit die Flächeninhalte von 1, 2, 3 etc. angeben), nicht linear geteilt, sondern abnehmend; sie entsprechen den Wurzeln der eingekerbten Maßzahlen 1, 2, 3, 4 etc. und damit den tatsächlich gemessen Durchmessern 1; 1,4; 1,7; 2, etc.

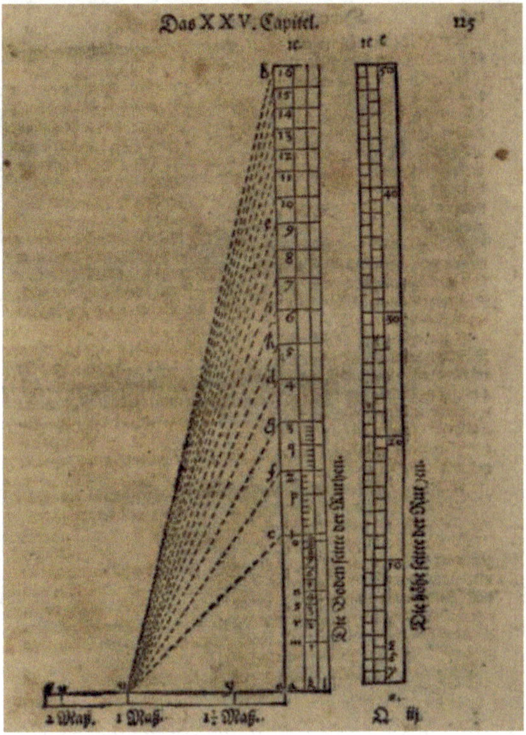

Abb. 3: Geometrische Operation zur Ermittlung der Wurzeln, um die Teilungspunkte zwischen den Quadraten 1, 4, 9 usw. zu bestimmen (Visier-Kunst, II, 1603, S. 125)

Voraussetzung für die Herstellung einer solchen Quadratrute dafür war allerdings, dass als Maßeinheit nicht ein übliches Längenmaß, sondern das Volumen, d. h. Durchmesser und Höhe, eines ortsüblichen Eichgefäßes, in Frankfurt etwa das

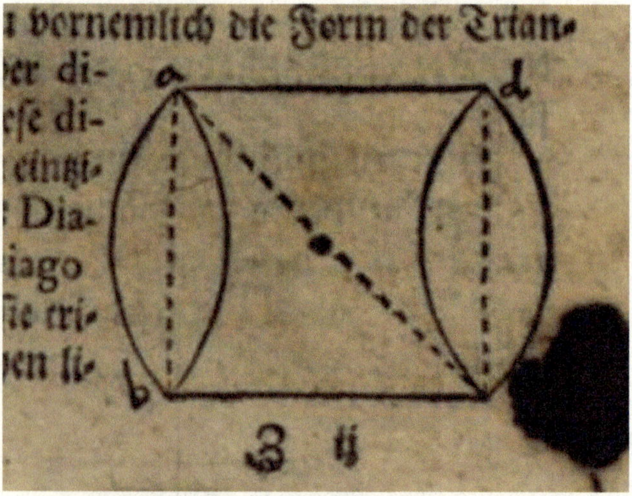

Abb. 4: Diagonalrute (bei Beyer *cylindrische Triangulruthe* genannt; Visier-Kunst, II, 1603, S. 179)

Ohm, zugrunde gelegt wurde (*Ein jede Visierruth wird fundamentaliter auß einem gewissen gefässe bereytet: dessen dimensionen derselbigen Ruthen zugeeynet vnd eingeschnitten werden*[11]), um so nicht mit der Kreiszahl π operieren zu müssen.[12]

Eine weitere Vereinfachung für die Visierer, um sie von jedweder Rechenoperation zu entlasten, bestand schließlich darin, den Visierstab so einzurichten, dass mit ihm aus der

[11] Visier-Kunst, II (1603), S. 34.

[12] Nach den Formeln $V_E = \frac{\pi}{4} d_E^2 \cdot h_E$ für das Volumen des Eichgefäßes und $V_x = \frac{\pi}{4} d_x^2 h_x$ für das Volumen des zu bestimmenden Fasses ergibt sich also: $V_E : V_x = \frac{\pi}{4} d_E^2 \cdot h_E : \frac{\pi}{4} d_x^2 h_x = d_E^2 \cdot h_E : d_x^2 h_x$. Da d_x das a-fache von d_E und h_x das b-fache von h_E ist, erhält man durch entsprechende Einsetzung das Volumen des Fasses als $V_x = a^2 b$, wobei, wie gesagt, a ein Vielfaches des Durchmessers und b ein Vielfaches der Länge des Eichmaßes ist.

Messung der Diagonale des Fasses vom Spundloch bis zum gegenüberliegenden Bodenrand direkt der Inhalt des Fasses abgelesen wurde (Abb. 4). Voraussetzung dafür ist, dass die Höhen der gemessenen Fässer immer im selben Verhältnis zu den Bodendurchmessern stehen, weil nur dann die Diagonale des gemessenen Zylinders (als der Hälfte des Fasses) als Hypotenuse des rechtwinkligen Dreiecks zwischen Durchmesser und Höhe immer denselben Wert behält.[13] Beyer geht hier von einem zylinderähnlichen Faß mit der Höhe und dem Durchmesser von einem Maß aus; die Einteilungen der von Beyer so genannten *cylindrischen Triangulruthe* können dann wieder auf einer Tafel abgelesen und auf der Visierrute nach entsprechender Anleitung eingetragen werden.
Wie aus Beyers Ausführungen leicht zu entnehmen ist, richtete sich seine ‚Visierkunst' nicht nur an den bloß ausführenden Visierer, sondern wollte dazu Anleitungen geben, *wie man nemlich vielerley vnderschiedne Visierstäbe zurichten kann.*[14] Der Anlaß war, wie es Beyer zumindest in der Vorrede schrieb, dass immer wieder Klagen erhoben wurden, es werde mit falschen oder schlecht zubereiteten Visierruten, entweder aus Fahrlässigkeit oder aus Unwissenheit, gemessen; dem wollte er mit seiner Schrift abhelfen, die aus den bewährtesten Grundlagen *auß Eucleide, vnnd andern fürtreffenlichen Mathematicis, demonstrirt vnd ordentlich zusammen verfasset* sei.[15] Tatsächlich bietet das Buch mit den Darstellungen von verschiedenen Visierruten und den Anleitungen zu ihrer Konstruktion nichts neues gegenüber seinen Vorgängern; wie das Inventar zeigt, besaß Beyer die wichtigsten einschlägigen Werke,[16] darunter wohl auch das Visierbüchlein von Ulrich

[13] Visier-Kunst, II (1603), S. 180.
[14] Visier-Kunst (1603), Titelblatt.
[15] Ebd., f. 1v.
[16] Folkerts (2008), S. 24–34, verzeichnet 86 handschriftliche und 19 bis 1600 gedruckte Visiertraktate. Von diesen 19 Drucken besaß Beyer immerhin ein Drittel: U. Kern, 1531 (Inventar, S. 136), J. Köbel, 1531 (Inventar, S. 160), E. Holm, 1544 (Inventar, S. 158), A. Riese, 1550

Kern aus dem Jahr 1531,[17] das vermutlich aus dem Vorbesitz des Frankfurter Rechenmeisters Simon Jacob stammte,[18] aus dessen Nachlass Beyer ja auch schon andere mathematische Schriften erhalten hatte. In einem Punkt machte Beyer allerdings einen neuen Vorschlag: da auch ihm bewußt war, dass *die Bütten vnd Faß sehr vngleiche Diametros hetten: ist die gemeyne art zu visieren vntauglich. Derohalben ich einen andern vnd gewissen weg / auß Geometrischen fundamenten her rührend / allen Kunstliebenden zum besten nun mehr an den tag gebe.*[19]

Sein Verfahren bestand darin, das arithmetische Mittel aus den Flächen des Bodens und in der Mitte des Fasses zu bilden (hierin folgte er der üblichen Praxis), dazu aber auch das arithmetische Mittel der beiden entsprechenden Durchmesser und aus diesem die Fläche zu berechnen. Die Differenz der beiden so erlangten Werte sollte durch Drei dividiert und das Ergebnis zu der kleineren Fläche des Fasses addiert werden: daraus ergebe sich die *rechte vnd corrigierte fläche*[20] (die jetzt nur noch mit der Höhe multipliziert werden mußte). Was Beyer hier versuchte, ist, *more geometrico* eine Annäherung der berechneten Zylinderform an die tatsächliche Faßform zu erreichen; wie er auf diese Idee gekommen ist und wie das

(Inventar, S. 151), S. Jacob, 1594 (Inventar, S. 159), A. Helmreich, 1595 (Inventar, S. 151).

[17] Eyn new Kunstlichs wolgegründts Visierbuch [...] Huldrichus Kern es gmachet hat. Straßburg 1531 (VD16 K 771).

[18] Leibowitz (1933), S. 33, schreibt, dass das Exemplar von Kerns Visierbuch „in der Frankfurter Stadtbibliothek" „handschriftliche Anmerkungen des Simon Jacob von Coburg" enthalte. Weil Kerns Visierbuch heute in der Frankfurter Universitätsbibliothek nicht mehr vorhanden ist, wird es wohl zu den Kriegsverlusten zu rechnen sein. Da Beyer offensichtlich Teile des Nachlasses von Jakob erhalten hatte (vgl dazu das vorherige Kapitel), und da in seinem Inventar das Buch von Kern verzeichnet ist (vgl. Anm. 16), ist es sehr wahrscheinlich, dass es sich bei seinem Exemplar um dasjenige handelt, das vorher im Besitz Jakobs gewesen ist.

[19] Visier-Kunst, I (1603), S. 35.

[20] Ebd.

geometrische Verfahren aussieht, gab er leider nicht an. Beyers Verfahren hat sich nicht durchgesetzt, kann aber in gewisser Weise als Vorläufer der Infinitesimalrechnung angesehen werden, die es zu dieser Zeit noch nicht gab. Interessanterweise hatte nämlich sein Versuch die Aufmerksamkeit von Johannes Kepler († 1630) geweckt, der sich einige Jahre später mit demselben Problem beschäftigte. Der Anlass dazu wurde von Kepler im Jahr 1615 selbst berichtet:

> „Als ich im November des letzten Jahres meine Wiedervermählung feierte, zu einer Zeit, da an den Donauufern bei Linz die aus Niederösterreich herbeigeführten Weinfässer nach einer reichlichen Lese aufgestapelt und zu einem annehmbaren Preise zu verkaufen waren, da war es die Pflicht des neuen Gatten und vorsorglichen Familienvaters, für sein Haus den nötigen Trunk zu besorgen. Als einige Fässer eingekellert waren, kam am 4. Tage der Verkäufer mit der Messrute, mit der er alle Fässer, ohne jede Rücksicht auf ihre Form, ohne jede weitere Überlegung oder Rechnung ihrem Inhalte nach bestimmte. Die Visierrute wurde mit ihrer metallenen Spitze durch das Spundloch quer bis zu den Rändern der beiden Böden eingeführt, und als die beiden Längen gleich gefunden worden waren, ergab die Marke am Spundloch die Zahl der Eimer im Fasse. Ich wunderte mich, dass die Querlinie durch die Fasshälfte ein Maß für den Inhalt abgeben könne [Kepler beschreibt also hier die Verwendung der von Beyer so genannten *cylindrischen Triangulruthe*], und bezweifelte die Richtigkeit der Methode, denn ein sehr niedriges Fass mit etwas breiteren Böden und daher sehr viel kleinerem Inhalt könnte dieselbe Visierlänge besitzen. Es schien mir als Neuvermähltem nicht unzweckmäßig, ein neues Prinzip mathematischer Arbeiten, nämlich die Genauigkeit dieser bequemen und allgemein wichtigen Bestimmung nach geometrischen

Grundsätzen zu erforschen und die etwa vorhandenen Gesetzen ans Licht zu bringen.“[21]

Im Folgenden hatte Kepler im Zuge seiner Bemühungen, die Angelegenheit ‚nach geometrischen Grundsätzen zu erforschen‘, auch Beyers ‚Visier-Büchlein‘ und seine ‚Stereometria nova‘ studiert und sich mit diesem brieflich in Verbindung gesetzt.[22] Allerdings kam er zu einer anderen Lösung als Beyer, [23] indem er von der Annahme ausging, dass Fässer wie Kugel oder Kegel als Rotationskörper behandelt werden können, die durch die Drehung eines Kreises, einer Ellipse oder einer Parabel um eine Achse entstehen; insgesamt kam er so auf 92 verschiedene Rotationskörper. Für die Drehung eines Kreises um eine Achse, die nicht die Achse des Kreises ist, ergaben sich für Kepler vier Typen von Rotationskörpern (Abb. 5), nämlich ein geschlossener Ring, ein offener Ring, ein von Kepler so genannter „Apfel“ (Abb. 5, Figur III) und eine „Zitrone“ (Abb. 5, Figur V).

[21] Johannes Kepler, Stereometria Doliorum (Anm. 23), Vorrede. Übersetzung von Leibowitz (1933), S. 3, Anm. 1.

[22] Ein Teil der Korrespondenz ist verzeichnet bei Johannes Kepler, Gesammelte Werke, Bd. 17, 1937, Nrr. 743 u. 763. Weitere Briefe von Beyer an Kepler finden sich im Nachlass Beyers (Ms. Ff. J. H. Beyer B. Nr. 54-56, Blatt 71-75, 1608-1617. 3 Briefe in Fotokopien).

[23] Die Überlegungen erschienen zuerst lateinisch als: Nova Stereometria Doliorum Vinariorum. Linz 1615 (VD 17: 23:297684M), ein Jahr später auf Deutsch: Außzug auß der Uralten MesseKunst Archimedis Und deroselben newlich in Latein außgangener Ergentzung/ betreffend Rechnung der Cörperlichen Figuren/ holen Gefessen und Weinfässer/ sonderlich deß Oesterreichischen/ so under allen anderen den artigisten Schick hat : Erklärung unnd bestättigung der Oesterreichischen WeinvisierRuthen / und deroselben sonderbaren gantz leichten und behenden Gebrauchs an den Landfässern. Linz 1616 (VD 17: 39:124695N). Die lateinische Ausgabe ist übersetzt von R. Klug, Neue Stereometrie der Fässer, besonders der in der Form am meisten geeigneten österreichischen und Gebrauch der kubischen Visierrute: mit einer Ergänzung zur Stereometrie des Archimedes (Ostwald's Klassiker der exakten Wissenschaften 165). Leipzig 1908.

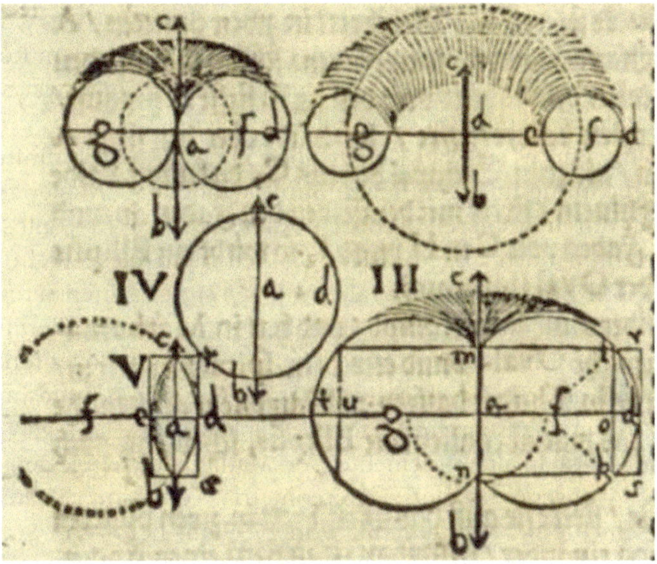

Abb. 5: Rotationskörper (Kepler, 1616, S. 27)

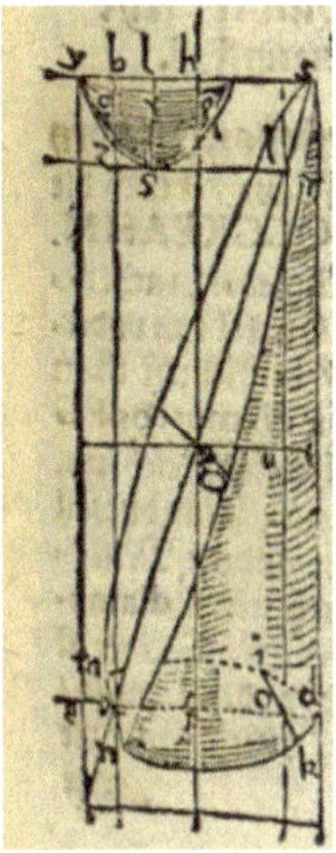

Abb. 6:
Kegelhuf Zitronenschnitz
(Kepler, 1616, S. 45)

Ist die Rotationsachse mit der Kreisachse identisch, entsteht eine Kugel (Abb. 5, Figur IV). Kepler zerlegte nun die Rotationskörper in konzentrische Röhren infinitesimaler Dicke, die alle zu einem Rechteck ausgerollt werden, und zeigte weiter, dass das Volumen der Rotationskörper identisch ist mit dem Volumen aller dieser Rechtecke, die zusammen einen Zylinderhuf (d. i. der durch einen Schrägschnitt durch einen Zylinder herzustellende Körper) ergeben (Abb. 6).

Das Volumen des Zylinderhufs kann berechnet werden, wobei Kepler den geometrischen Körper eines Fasses mit dem Rotationskörper der „Zitrone", oder dann genauer, mit zwei aufeinandergestellten Kegelstümpfen verglich.
Auch wenn es sich bei Kepler noch nicht um eine Infinitesimalrechnung im eigentlichen Sinne handelte – „Kepler zeigt mehr durch Probieren als durch exakten Beweis"[24] – , gilt sein Verfahren doch als ein wichtiger Schritt in diese Richtung und soll Bonaventura Cavalieri († 1647) bei seinem Prinzip der Indivisibilien beeinflußt haben (was dieser allerdings bestritt[25]). Über diesen Umweg soll Kepler „ein bedeutender Einfluß auf die Geschichte der Erfindung der Infinitesimalrechnung zuzuschreiben" sein.[26] Keplers sog. „Faßregel" jedenfalls ist in die Geschichte der Mathematik eingegangen, und während Keplers ‚Stereometria' etwa in Kästners ‚Geschichte der Mathematik' von 1799 auf neunzehn Seiten behandelt wird wird,[27] direkt anschließend aber immerhin auch noch knapp fünf Seiten Beyers ‚Stereometrie' gewidmet werden,[28] verschwindet Beyer in den folgenden Jahrhunderten aus der Wissenschaftsgeschichte. In Zeuthens ‚Geschichte der Mathematik' von 1903 erhält Kepler ein eigenes Kapitel (und wird recht ungnädig beurteilt[29]), Beyers Name aber

[24] Folkerts (1974), S. 33.
[25] „Guldinus [...] (Wien 1640) sagt: Cavallerius hätte aus Kepler, nahmentlich den Beweisen Theor. II. III. IV. Stereom. Arch. Anlaß zu seiner methodo indiuisibilium genommen, solches auch in seiner Geometrie angezeigt. Aber, Cavalerius, Exercitat. III. p. 192; 180; 193; erwiedert: Er habe nicht gesagt, daß er von Keplern Anlaß zu seiner Methode genommen, sondern: daß er nach Erfindung seiner Methode versucht habe sich auf Körper welche Kepler betrachtet anzuwenden." Abraham Gotthelf Kästner, Geschichte der Mathematik seit der Wiederherstellung der Wissenschaften bis an das Ende des achtzehnten Jahrhunderts. Dritter Band. Reine Mathematik, Analysis, praktische Geometrie, bis an Cartesius. Göttingen 1799, S. 317.
[26] Leibowitz (1933), S. 2.
[27] Kästner (Anm. 25), S. 313–331.
[28] Ebd., S. 331–335.
[29] H. G. Zeuthen, Geschichte der Mathematik im XVI. und XVII. Jahrhundert. Deutsche Ausgabe unter Mitwirkung des Verfassers besorgt

taucht gar nicht mehr auf. In diesem Sinne sind Beyers geometrische Versuche zur Fassbestimmung zwar nicht in die Geschichte der Mathematik eingegangen, über den Umweg des Einflusses auf Kepler, wenn auch vielleicht nur in der Form einer Anregung, hat er aber zumindest eine kleine Fußnote darin geschrieben.[30]

Nicht besser ging es Beyer mit seinem zweiten mathematischen Thema, den Dezimalzahlen. Hierüber hatte er 1619 ein deutschsprachiges Buch unter dem Titel ‚Logistica decimalis' veröffentlicht,[31] in dem er die zur Zeit üblichen Brüche, daher *der calculus langsamb von statt gegangen vnd offtmal gejrret worden / auch jhrer viel solchen Verdruß darab empfangen,*[32] in Dezimalzahlen umwandeln wollte, das heißt *die vorkommende Brüche in eitel Subordinirte zehende theil richten / künstlich bezeichnen / auch den gantzen zahlen gleichförmig / in allen speciebus numerationis, vnd extractionibus radicum,*

von Raphael Meyer. Leipzig 1903, S. 248–255 („Integrationen vor der Integralrechnung. a. Kepler"), hier S. 250: „Noch dreister wendet Kepler die Infinitesimalmethode bei der Untersuchung des Rauminhaltes des Gebildes an, das durch die Umdrehung eines Kreisabschnittes um seine Sehne erzeugt wird [...] Dabei benutzt er einen Satz, den er jedoch weder in voller Allgemeinheit aufstellt noch beweist".

30 Da es sich bei seinen weiteren stereometrischen Werken (s. Literaturverzeichnis) im Wesentlichen um Neuauflagen und Bearbeitungen der beiden Werke von 1603 handelt, fügen sie auch nichts Neues hinzu. Von Interesse in diesem Zusammenhang ist aber, dass Beyer zwei Jahre nach der Publikation von Keplers ‚Stereometria doliorum' im April 1617 ein von ihm verfaßtes Werk an Kepler in Prag schickt (Kepler, Werke, wie Anm. 22, Nr. 763). Es kann sich dabei nur um einen der beiden stereometrischen Drucke von 1603 handeln. Da Beyer sowohl die lateinische wie die deutsche Ausgabe von Keplers ‚Stereometria' besaß (*Stereometriæ Archimedeæ supplementum, in figuris quæ conoeidibus et sphæroeidibus proximé succedunt. Item: Stereometria doliorum vinariorum: et usus virgæ cubicæ. Joh. Keppleri. Lincii: A.° 1615. Ergäntzung der Archimedeïschen Meßkunst: auch von Visierung der weinfäßer. Joh. Keppler. Lintz. 1616.* Inventar, S. 133), könnte es sein, dass es sich hier um ein Gegengeschenk handelte. Von einer Reaktion Keplers ist nichts bekannt.

31 Logistica Decimalis. Das ist: KunstRechnung der Zehentheyligen Brüchen. Frankfurt a. M. 1619.

32 Logistica decimalis (1619), S. 3 f.

tractiren vnd handeln möge.[33] Das Verfahren Beyers besteht darin, dass er alle Brüche in Zehner-, Hunderter, Tausender- usw. Brüche umwandelte (was er allerdings nicht ausführte, sondern offensichtlich voraussetzte) und die sich so ergebenden Zähler als Stellen einer ganzen Zahl einsetzte, die *von Grad zu Grad durch 10. auffwachsen.*[34] Die Notation ist eine andere als die heutige: Die Stellen vor dem Komma (bei Beyer ein Punkt) werden mit einer Null, die Stellen nach dem Komma mit römischen Ziffern gekennzeichnet (Abb. 7). Ansonsten bot Beyer ausführliche Anleitungen und zahlreiche Beispielrechnungen mit seiner Dezimalnotation für die vier Grundrechenarten und die Quadratur, Wurzelziehung, Kreisflächen- und Umfangberechnung.

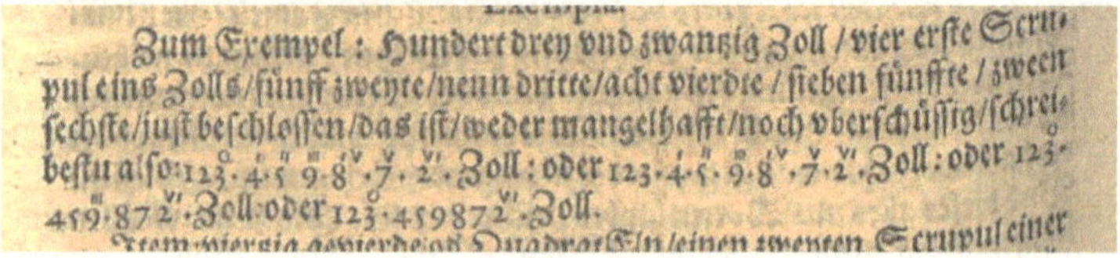
Zum Exempel: Hundert drey vnd zwantzig Zoll / vier erste Scrupul eins Zolls / fünff zweyte / neun dritte / acht vierdte / sieben fünffte / zween sechste / just beschlossen / das ist / weder mangelhafft / noch vberschüssig / schreibest u also: $123^{0}\cdot 4^{I}\cdot 5^{II}\; 9^{III}\cdot 8^{IV}\cdot 7^{V}\cdot 2^{VI}$ · Zoll: oder $123\cdot 4^{I}\cdot 5^{II}\cdot 9^{III}\cdot 8^{IV}\cdot 7^{V}\cdot 2^{VI}$ · Zoll: oder $123^{0}\cdot 459^{III}\cdot 872^{VI}$ · Zoll oder $123^{0}\cdot 459872^{VI}$ · Zoll.

Abb. 7: Notation der Dezimalzahlen bei Beyer
(Logistica decimalis, 1619, S. 28).

Beyer nahm für sich in Anspruch, dieses Verfahren erfunden zu haben: *Zu der Intervention dieser Zehentheiligen Brüchen / ist mir erstlichen Anno 1597, als ich mich je zuweilen (so viel ich anderer meiner Amptsgeschäfften halben Zeit hatte) in den Mathematischen Künsten erlustierte / von den Gestirnkünstlern / folgender gestalt Anlaß gegebn worden. Ich habe damaln in acht genommen / daß die Mechanici, wann sie eine vorkommende Quantitet abmessen / gar selten ein gantze Zahl ihrer Grundmaß (als / Ruthen / Elen / Schuch / Grad / etc) antreffen.*[35] Dieses Primat steht ihm allerdings wohl nicht zu,

[33] Locistica decimalis (1619), S. 22.
[34] Locistica decimalis (1619), S. 31.
[35] Locistica decimalis (1619), S. 22.

obwohl zu seiner Zeit das Thema in der Luft lag;[36] als „Erfinder" werden statt seiner Franciscus Vieta († 1603) und vor allem Simon Stevin († 1620) genannt.[37] Auch hier hat Beyer also wohl nur eine eher kleine Spur in der Mathematikgeschichte hinterlassen.[38] Immerhin entbehrt aber wohl der Vorwurf des Plagiats, den ihm Moritz Cantor in seinen ‚Vorlesungen über die Geschichte der Mathematik' machte, jeglicher Grundlage.[39] Das Problem war aktuell, und Simon Stevin, der von Haus aus ebenfalls kein Mathematiker war, kam Beyer – für diesen unglücklicherweise – um 25 Jahre zuvor.

Dafür ist Beyer in der Frankfurter Literatur ein Denkmal gesetzt worden. Adolf Stoltze, der Sohn des bekannten Frankfurter Mundartdichters Friedrich Stoltze, hatte 1927 ein Theaterstück über den Fettmilch-Aufstand geschrieben und 1928 zur Uraufführung gebracht.[40] Vinzenz Fettmilch wird darin als aufrechter Frankfurter Bürger dargestellt, der aus gerechter Empörung über die Frankfurter Missstände die Zünfte gegen den Rat führt; im letzten Aufzug, der in „einer Kerkerzelle auf dem alten Katharinenturm" spielt, in der Fettmilch auf seine Hinrichtung wartet, wird Fettmilch die Gelegenheit zu einem

[36] „The notion of a decimal system was already in the air." Jozef T. Devreese u. Guido Vanden Berghe, ‚Magic is No Magic'. The Wonderful World of Simon Stevin. Southampton 2008, Kap. 3 („The man who ‚invented' the decimal sytem"), hier S. 61.

[37] Zeuthen (Anm. 29), S. 123f.

[38] Johann Schön, Die Ziffernrechnung oder vollständiges Lehrbuch der Rechenkunst. 2. Aufl. Bamberg u. Würzburg 1815, S. XIII, konzediert Beyer immerhin noch „[d]as gleiche Verdienst [wie Stevin] um diese Rechnung".

[39] Moritz Cantor, Vorlesungen über die Geschichte der Mathematik. Bd. 2. Von 1200–1668. 2. Aufl. Leipzig 1900, S. 619f.: „Darüber, dass Beyer die Stevin'schen Schriften gekannt hat, [sind] Zweifel nicht möglich." Allerdings besaß Beyer nach Ausweis seines Inventars weder die holländische Erstausgabe von Stevins Schrift über die Zehntel (De thiende. Leiden 1585; Neuausgabe Rotterdam 1621) noch die englische Übersetzung (Disme: the art of tenths, or, Decimall arithmetike. London 1608), so dass er wohl doch vor dem Vorwurf Cantors in Schutz zu nehmen ist

[40] Adolf Stoltze, Vinzenz Fettmilch. Drama in fünf Aufzügen. [Frankfurt a. M. 1927].

letzten Wort gegeben (das auch das letzte des Stückes ist): „Gott segne die Stadt, die teuer mir mein Leben lang gewesen. Mög' sie der Himmel schirmen alle Zeit, und stets ein frei Geschlecht in ihren Mauern wohnen!“[41]
Die Ratsmitglieder als die Gegenspieler Fettmilchs werden dementsprechend als dunkle Gestalten gezeichnet, die in angetrunkener Stimmung Hohnlieder auf Fettmilch singen:

> „Der Fettmilch sitzt im Panzerloch,
> Wir aber trinken immer noch.“
> Glauburg: „Prost, prost!“ (Die Stimmung wird animierter, man trinkt ohne sich zu betrinken.)[42]

Beyer als amtierender Bürgermeister ist dagegen vornehm zurückhaltend, zwar nicht neutral, aber doch um Gerechtigkeit und Ausgleich bemüht.

> Beyer (nachdem die Ratsherren sich gesetzt haben). „Wohlregierender, hochweiser Rat der ersten, zweiten und dritten Bank, liebwerte Freunde! Die Zeit, in der wir leben, ist schwer, sie durchzuhalten unsere Aufgabe. Die Ereignisse der jüngsten Nacht verdunkeln den Glanz der Reichs= und Krönungsstadt, schädigen die Messen, und haben ein rühriges Mitglied unseres Kollegiums in die Ferne getrieben.“ (Bewegung). „Wir müssen auf Vorkehrungen bedacht sein, die eine Wiederkehr solcher Scheußlichkeiten unmöglich machen. Das muß noch heute geschehen.“ (Bravo). „Obgleich uns die Volksversammlung im Rahmhof nicht an unserm Tun und Lassen beirren kann, habe ich doch den Auftrag gegeben, durch Kundschafter deren Verlauf uns berichten zu lassen. Wir wissen uns in den meisten Fragen, die Rat und Bürgerschaft trennen, eins mit den Kommissaren des Kaisers und halten fest an unserm Wahlspruch: Stark im Recht!“[43]

[41] Ebd., S. 110.
[42] Ebd., S. 38.
[43] Ebd., S. 49f.

Es ist nicht mehr festzustellen, wie viele Aufführungen das Stück Stoltzes erlebt hat und inwieweit das Bild der Frankfurter Öffentlichkeit von Johann Hartmann Beyer durch dessen Auftritt in dem Stück geprägt worden ist. Zwar gab es 1979 eine Verfilmung des Fettmilchaufstandes durch das ZDF unter dem Titel „Revolution in Frankfurt", in der Günther Strack, der beliebte Volksschauspieler, als Darsteller von Vinzenz Fettmilch auftritt; Beyers Name erscheint aber nicht einmal mehr in der Besetzungsliste.
Andauernder und von wesentlich größerer Bedeutung bis zum heutigen Tag ist dagegen seine testamentarisch verfügte Stiftung. Dabei handelte es nicht allein um die Bücher, auch wenn sie ihm selbst, geht man von ihrer prominenten Stellung am Anfang des Testaments aus, wohl als wichtigster Teil galten, sondern außerdem um genau zehn Personenkreise oder Institutionen, die er und seine Frau mit jährlichen Zahlungen bedachten: erstens sollten zwei gottesfürchtige Bürgerstöchter mit 100 Gulden Einmalzahlung ausgestattet werden, wenn einer der fünf familiären Erbstämme ausstürbe, ebenso bei jedem weiteren aussterbenden Familienzweig das Siechenhospital, die Testamentskasse, der Almosenkasten und der städtische Bau, zweitens der Rat und die Stadt mit jährlich 50 Gulden, drittens die Syndici der Stadt mit jährlich 30 Gulden, viertens der Almosenkasten der Stadt mit jährlich 25 Gulden, ein Student der Medizin mit einem Stipendium von jährlich 100 Gulden, sechstens die Pfarrherren in Frankfurt und Sachsenhausen sowie ihre Witwen mit jährlich gesamt 100 Gulden, siebtens der Schultheiß, die beiden regierenden Bürgermeister sowie ein Syndicus mit je einem goldenen Becher im Wert von 30 Gulden pro Jahr, achtens die Gesellschaft Frauenstein mit jährlich 100 Gulden für ihre Tätigkeit als Testamentsvollstrecker, neuntens der Kurator der Gesellschaft Frauenstein mit drei Gulden; zehntens soll das noch verbleibende Zinsgeld jährlich an die Armen, Witwen, Waisen, Brand-Geschädigte und Notleidende, vor allem aber zum Zweck des Schul- und Kirchenbaus, und in Sterbens-Läufen

für das Pesthaus verwendet werden, in Sonderheit soll aber für den Fall, dass in der Stadt Frankfurt ein Waisenhaus eingerichtet werde, für diesen Zweck eine jährlich Zahlung von 50 Gulden erfolgen.[44] Als Testamentsvollstrecker wurde die Gesellschaft Frauenstein bestimmt,[45] die auch heute noch als eingetragener Verein die ‚Dr. Johann Beyersche Stiftung' verwaltet.[46] 1680 wurde aus den Mitteln der Stiftung mit 1.500 Gulden die Ausmalung der neugebauten Katharinenkirche durch Simon Heußlin bezahlt (Abb. 8).[47]

Abb. 8 Ausmalung der Katharinenkirche
(Bild von Johann Ulrich Kraus, 1683.
Historisches Museum Frankfurt a. M.)

[44] Lersner, II, 1 (1734), S. 109–112, §§ 17–29.
[45] Ebd., S. 106, § 2.
[46] Vgl. dazu Hansert (2000), S. 145f., Hansert (2014), S. 395–397; Berg (2001).
[47] Hansert (2000), S. 146.

Kurz vorher, am 16. September 1679, wurde auch ein Armen-, Waisen- und Arbeitshaus eröffnet, das hauptsächlich mit Hilfe der Stiftung des Ratsherrn Johann Schwind (†1648), aber auch durch die Beyersche Stiftung finanziert wurde. Das Waisenhaus wurde zwar im 19. Jahrhundert geschlossen, existiert aber heute noch als Stiftung, die sich vor allem in der ambulanten Betreuung von Kindern und Jugendlichen engagiert.[48] Die Beyersche Stiftung selbst verlor durch die Inflationen und durch die beiden Weltkriege einen großen Teil ihres Vermögens und besitzt heute noch ein Mehrfamilienhaus im Rhein-Main-Gebiet,[49] aus deren Erträgen bedürftige Bürger unterstützt werden. Beyer zu Ehren wurde im Zuge der Bebauung des Riedbergs in Frankfurt Anfang der 2000er Jahre auch eine kleine Straße benannt; geehrt wurde hier allerdings wohl nicht der Mathematiker Beyer, was die Nähe zur naturwissenschaftlichen Fakultät ja zuallererst vermuten lassen würde, sondern der Wohltäter der Stadt Frankfurt, wie es deutlich auch der von dem Johann-Beyer-Weg abgehende Stiftung-Waisenhaus-Weg zeigt (Abb. 9). In der Frankfurter Universitätsbibliothek legen dagegen bis heute die Bücher aus seinem Besitz Zeugnis ab von seinem wissenschaftlichen Interesse und von seinem Engagement für die Förderung der Bildung in seiner Vaterstadt.

Abb. 9 Johann-Beyer- und Stiftung- Waisenhaus-Weg (Foto des Autors)

[48] https://www.waisenhaus-frankfurt.org/chronologie.html.
[49] Hansert (2000), S. 146.

Quellen und Literatur

I: Werke von Hartmann Beyer

Quaestiones Novae, in Libellum de Sphaera Iohannis de Sacro Busto, in gratiam studiosae iuuentutis collectae ab Hartmanno Bauaro. Frankfurt a. M.: Peter Braubach, 1549 (VD16 B 2490).

Weitere Drucke: Frankfurt a. M.: Peter Braubach, 1549 (VD16 B 2491); Frankfurt a. M.: Peter Braubach, 1549 (VD16 B 2492); Wittenberg: Peter Seitz d. Ä. (Erben), 1550 (VD16 ZV 1449); Frankfurt a. M.: Peter Braubach, 1552 (VD16 B 2493); Frankfurt a. M: Peter Braubach, 1556 (VD16 B 2494); Frankfurt a. M: Peter Braubach, 1560 (VD16 B 2495); Frankfurt a. M.: Peter Braubach, 1561 (VD16 B 2496); Frankfurt a. M.: Peter Braubach, 1563 (VD16 B 2497); Frankfurt a. M.: Peter Braubach (Erben), 1571 (VD16 B 2498); Wittenberg: Johann Krafft d. Ä., 1573 (VD16 B 2499).

De ficticio Missae Sacrificio argumenta Sophistarum Pontificiorum cum refutationibus eorundem. Argumenta vera, firma, & perspicua contra Sacrificium Missae Papisticae. Magdeburg: Christian Rödinger d. Ä., 1550 (VD16 B 2488 u. ZV 23510).

Weiterer Druck: Magdeburg: Christian Rödinger d. Ä., 1551 (VD16 B 2489).

Ein stück der predigt Theobaldi Thameri / des abtrünnigen vnd jrrigen Predigers zu Franckfurt im Stifft zů S. Bartholomes / von den zeugen seiner lehr / widderlegt durch Hartman Beyer Prediger des Euangelij daselbst zů den Barfüßern. Frankfurt a. M: David Zöpfel, 1552 (VD16 T 684).

Catechismus Johannis Brentij Deudsch. [Übers. v. Hartmann Beyer]. Leipzig: Jakob Bärwald, 1552 (VD16 B 7556).

Weitere Drucke: Leipzig: Jakob Bärwald, 1552/1553 (VD16 B 7557); Nürnberg: Johann VomBerg und Ulrich Neuber, 1552 (VD16 B 7559); Nürnberg: Johann VomBerg und Ulrich Neuber, 1552 (VD16 B 7558); Frankfurt a. M: Peter Braubach, 1552 (VD16 B 7555); Frankfurt a. M: Peter Braubach, 1554 (VD16 B 7561); Frankfurt a. M.: Peter Braubach, 1554 (VD16 B 7562); Wittenberg, 1554 (VD16 B 7565); Schwäbisch Hall: Thomas Biber, 1554 (VD16 B 7564); Nürnberg: Johann VomBerg und Ulrich Neuber, 1554 (VD16 B 7563); o. O. 1555 (VD16 B 7566); Nürnberg: Johann VomBerg und Ulrich Neuber, 1556 (VD16 B 7567); Nürnberg: Johann VomBerg und Ulrich Neuber, 1560 (VD16 B 7569); Wittenberg: Lorenz Schwenck, 1562/1563 (VD16 B 7570); Nürnberg: Johann VomBerg und Ulrich Neuber, 1565 (VD16 B 7571); Frankfurt a. M.: Nikolaus Basse, 1572 (VD16 B 7572); Magdeburg: Matthaeus Gisecke, 1573 (VD16 B 7573); Hamburg: Nikolaus Wegener, 1573 (VD16 B 7574).

Ein Heilsames Manual oder Handtbüchlin / Darinnen sind die fürnembste Heubtartickel der warhafftigen Christlichen Lere / in Frage vnd Antwort gestellet. Philip. Melanthon. [Hrsg. v. Hartmann Beyer]. Frankfurt a. M.: Peter Braubach, 1554 (VD16 M 3913).

Weiterer Druck: Frankfurt a. M.: Peter Braubach, 1555 (VD16 ZV 21945).

Historien Bibel. Das ist / Alle vornemste Historien aller bücher des Alten Testaments / auß dem Text der Bibel gezogen / vnd in ein richtige ordnung der zeit vnnd jaren / wie sie sich auff einander begeben haben / gesetzt / Von anfang der Welt an / schier biß in die drei tausent neundthalb hundert jar / Durch Hartmann Beier. Frankfurt a. M: Christian Egenolff d. Ä. (Erben), 1555 (VD16 B 2871).

Weitere Drucke: Frankfurt a. M.: Christian Egenolff d. Ä. (Erben), 1557 (VD16 B 2872). Frankfurt a. M: Christian Egenolff d. Ä. (Erben), 1569 (VD16 B 2873); Frankfurt a. M: Christian Egenolff d. Ä. (Erben), 1583 (VD16 B 2874); Frankfurt a. M: Christian Egenolff d. Ä. (Erben), 1595 (VD16 B 2875); Frankfurt a. M.: Vinzenz Steinmeyer u. Sigismund Latomus, 1612 (VD17 547:641859G); Gotha: Andreas Reyher u. Johann Michael Schall, 1664 (VD17 23:645640P); Gotha: Andreas Reyher u. Johann Michael Schall, 1664 (VD17 3:612666Z).

Verleugnung Des Jüdischen jrrthumbs vnd aberglaubens / vnd bekentnis des waren Christlichen glaubens / Hieronymi Hartmanni / so er für einer Christlichen versamlung am 21. Martij im 1557. jar zu Franckfurdt gethan / als er jtzt getaufft solt werden. Sampt Einer vorgehenden Predigt so der verordent Predicant dabey gethan hat / von bekerung etlicher vbrigen auß den Jüden zu dem Christlichen Glauben. Frankfurt a. M.: Peter Braubach, 1557 (VD16 ZV 1448).

Ein Sendbrieue Johannis Syluani / hofprediger zu Würtzburg / an Doctorem Paulum Scalichium / mit einer Vorrede Hartman Beyers / Predigers zu Franckfurt. Oberursel: Nikolaus Heinrich d.Ä., 1558 (VD16 S 10356).

Corpus Librorum D. Martini Lutheri, Sanctae memoriae, & aliorum praecipuorum in Ecclesia Vuite bergensi, de uerbis Domini, HOC EST CORPVS MEVM etc Das ist Die Bücher D. Martini Luthers [...] Vnd anderer fürnemen Lehrer zu Wittemberg [...] Jn ein theil zusamen getruckt. [Hrsg. v. Hartmann Beyer]. Oberursel: Nikolaus Heinrich d.Ä., 1563 (VD16 B 2487).

Kurtze / klare vnd warhafftige Histori vnd erzelung von dem anfang vnd erweiterung des Zwispalts zu Bremen durch D. Albertum Hardenberg erwecket / Zu einem gegenbericht auff das new schreiben gemelts D. Alberti Hardenbergs von der Vbiquitet vnd vom Nachtmal des Herrn / Erstmals in Latinischer sprache gestellet durch Herrn Dietmarum Kenkelium Burgermeister zu Bremen / nachmals aber verteutschet durch Hartman Beiern Prediger zu Franckfort am Main. Oberursel: Nikolaus Heinrich d. Ä.; Frankfurt a. M.: Peter Braubach, 1566 (VD16 K 73).

II: Werke von Johann Hartmann Beyer

Akademische Disputationen:

Johann Ludwig Havenreuter u. Johann Hartmann Beyer, Theses de generali doctrina mutationum. Straßburg: Nikolaus Wiriot, 1583 (VD16 H 834).

Johannes Vischer u. Johann Hartmann Beyer, Disputatio De Lactis. Tübingen: Georg Gruppenbach, 1586 (VD16 V 1726).

Andreas Planer u. Johann Hartmann Beyer, Disputatio de morbis formae. Tübingen: Georg Gruppenbach, 1586 (VD16 ZV 12533).

Andreas Planer u. Johann Hartmann Beyer, Disputatio de furore. Tübingen: Georg Gruppenbach, 1588 (VD16 P 3168).

Medizinische Herausgeberschaften:

Girolamo Capivaccio, Practica Medicina seu Methodus cognoscendorum et curandorum omnium humani Corporis Affectuum. [Bearb. v. J. H. Beyer u. mit Beiträgen von Andreas Libavius u. Zacharias Palthenius]. Frankfurt a. M.: Zacharias Palthenius u. Peter Fischer, 1594 (VD16 C 858).

Andreas Libavius, Neoparacelsica. [Mit Beiträgen von J. H. Beyer, Bernhard Stiber u. Johannes Winther von Andernach]. Frankfurt a. M.: Peter Kopf u. Johannes Saur aus Wetter, 1594 (VD16 L 1500).

Andreas Libavius, Rerum chymicarum epistolica. [Mit Beiträgen von J. H. Beyer u. a.]. Frankfurt a. M.: Peter Kopf u. Johann Lechler d. J., 1595/99 (VD16 L 1504).

Benedetto Vettori u. Camillo Tomai, Medicationis empeiricae libri tres. [Mit einem Beitrag von J. H. Beyer]. Frankfurt a. M.: Johann Kollitz u. Johann Theobald Schönwetter, 1598 (VD16 V 1767, VD16 T 1521).

Valescus [de Taranta], Philonioum pharmaceuticum et cheirurgicum. [Hrsg. von J. H. Beyer]. Frankfurt a. M.: Romanus Beatus u. Nikolaus Basse, 1599 (VD16 V 157).

Weiterer Druck: Valescus [de Taranta], Philonium Pharmaceuticum Et Chirurgicum. [Hrsg. von J. H. Beyer, mit einem Vorwort v. Georg Wolfgang Wedel]. Frankfurt, Leipzig, [Breslau], [Görlitz], Jena: Johann Adam Kästner u. Johann Nisius, 1680 (VD17 23:626801D).

Girolamo Capivaccio, Opera Omnia. I. Physiologica, II. Pathologica, III. Therapeutica, IV. Mista, V. Extranea. [Hrsg. v. J. H. Beyer, mit einem Beitrag von Andreas Libavius]. Frankfurt a. M.: Zacharias Palthenius u. Jonas Rosa, 1603 (VD17 12:166949Y).

Hieronymus Fabricius ab Aquapendente, Pentateuchos Cheirurgicum. [Hrsg. v. J. H. Beyer]. Frankfurt a. M.: Nikolaus Hoffmann d. Ä., 1604 (VD17 23:640392Y).

Mathematisch-geometrische Werke:

Stereometriae Inanium Nova Et Facilis Ratio, Geometricis Demonstrationibus confirmata: et necessariis obscuriorum quorundam delineationibus illustrata: Qua Corporum Regularium Omnium, Tam Rectilineorum Quam Curvilineorum capacitates promtissime explorantur. Frankfurt a. M.: Jonas Rosa u. Zacharias Palthenius, 1603 (VD17 23:289122L).

Ein newe und schöne Art der Vollkommenen Visier-Kunst: Derengleichen hiebevor niemaln in keiner Spraach gesehen worden. Wie man nemlich vielerley underschiedne Visierstäbe zurichten / auch mit denselbigen allerhand regulierte hole Cörpor [...] gantz leichtlich erkündigen soll / Denen Kunstliebenden Bawmeistern/ Werckleuten [...] erfunden / demonstrirt / und klärlich beschrieben. Frankfurt a. M.: Jonas Rosa u. Zacharias Palthenius, 1603 (VD17 3:604169A u. VD17 547:658949Q).

Conometria Mauritiana; Das ist / Ein newer Stereometrischer Tractat / von der lang-gesuchten unnd gewündschten Visierung deß vollen unnd lähren Stücks / oder Theyls eines Weinfasses: Sampt denen darzu gehörigen

Läng- und Circulruthen: auch der Circuln / und Circulstücken Flächtaffeln. Frankfurt a. M.: Jakob Fischer Erben u. Nikolaus Hoffmann d. Ä., 1619 (VD17 39:121355G).

Kurtzer Bericht / Von Zubereytung einer Visier-Ruthen / auß einem geeichten Weinfaß: Zu Erläuterung deß 28. Capituls seiner Visierkunst; und 4. Capituls Conometriae Mauritianae / Für die angehende Visierer gestellet. Frankfurt a. M.: o. D., 1620 (VD17 39:121361H).

Logistica Decimalis: Das ist: KunstRechnung der Zehentheyligen Brüchen: Denen Geometris, Astronomis, Landtmessern / Ingeneurn / Visirern / und ins gemein allen Mechanicis und Arithmeticis, zu unglaublicher Leichterung ihrer Mühesamen Rechnungen / Extractionen der Wurtzeln / sonderlich auß den Irrationalzahln / auch zur Construction einer newen Fabulae Sinuum und anderer vielerhandt nützlicher canonum. Frankfurt a. M.: Jakob Fischer Erben u. Nikolaus Hoffmann d. Ä., 1619 (VD17 23:304296W).

Abdruck des Anhangs: ‚Vom Gebrauch der künstlichen Rechenstäblein und Legbrettlins Iohannis Neperi' in: Harald Pinl: Franz Kesslers Künstliche Rechenstäblein von 1618. Langenhagen 2012, S. 63–94.

Zu den ‚englischen Pillen' Beyers:

Kräfftige Würckung unnd Tugenden deß Edlen Vesten unnd Hochgelährten Herrn Doctor. Johannis Hartmanni Bayers S. Pilularum Angelicarum, oder Englische Pillen deroselben Substantz auch wie solche nützlich adhibirt und gebraucht werden [...] Man findet dieselben in der

Apoteck zu Franckfurt am Meyn / zum güldenen Kopff. [Einblattdruck o. O.], [ca. 1650] (VD17 23:636581T).

Dass. mit dem Vermerk: Man findet dieselben Pillen / nach wohlgemeldten Doctoris seel. rechter description præpariret / zu Leipzig bey Johann Teuschern der Artzney privilegirten zu finden im Güldnen Hahn auff der Heustrasse. [Einblattdruck Leipzig?] [ca. 1650?] (VD17 9:745278Z).

III: Quellen und Literatur

Andernacht, Dietrich:
[Art.] Beyer, Hartmann. In: Neue Deutsche Biographie 2 (1955), S. 203.

Benzing, Josef:
Die deutschen Verleger des 16. und 17. Jahrhunderts. In: Archiv für Geschichte des Buchwesens 18 (1977), Sp. 1077–1322.

Berg, Carlo:
Die Dr. Beyer'sche Stiftung. In: Limpurger Brief 2001, S. 33.

Bothe, Friedrich:
Frankfurts wirtschaftlich-soziale Entwicklung vor dem Dreißigjährigen Kriege und der Fettmilchaufstand (1612–1616), Teil II. Statistische Bearbeitungen und urkundliche Belege (Veröffentlichungen der Historischen Kommission der Stadt Frankfurt, Band 7). Frankfurt a. M. 1920.

Buzas, Ladislaus:
Deutsche Bibliotheksgeschichte der Neuzeit (1500–1800). (Elemente des Buch- und Bibliothekswesens 2). Wiesbaden 1976.

Derolez, Albert:
Les Catalogues de Bibliothèques (Typologie des Sources du Moyen Age Occidental 31). Turnhout 1979, S. 30–35.

Diarium Historicum. Frankfurt a. M. 1617.

Eberlein, Miriam:
Leonhart Fuchs' Erben. Die Medizinische Fakultät im späten 16. Jahrhundert. In: Ulrich Köpf, Sönke Lorenz u. Dieter R. Bauer (Hgg.), Die Universität Tübingen zwischen Reformation und Dreißigjährigem Krieg. Festgabe für Dieter Mertens zum 70. Geburtstag (Tübinger Bausteine zur Landesgeschichte 14). Ostfildern 2010, S. 249–298.

Ebrard, Friedrich Clemens:
Geschichte der Stadtbibliothek. In: Ders. (Hg.), Die Stadtbibliothek in Frankfurt am Main. Frankfurt a. M. 1896, S. 1–73.

Escher, Hermann:
Die Bibliotheca universalis Conrad Gessners (Tiguri 1545), erste räsonierende und kritische Biobibliographie innerhalb der Geschichte der Bibliothekswissenschaft. In: Hermann Escher: Ausgewählte bibliothekswissenschaftliche Aufsätze. Zürich 1937, S. 145–162.

Fabian, Bernhard (Hg.):
Handbuch der historischen Buchbestände in Deutschland, Österreich und Europa. Bd. 5, Hessen, A–L. Hildesheim 1992.

Folkerts, Menso:
Die Entwicklung und Bedeutung der Visierkunst als Beispiel der praktischen Mathematik der frühen Neuzeit. In: Humanismus und Technik 18 (1974), S. 1–41.

Folkerts, Menso:
Die Faßmessung im späten Mittelalter und in der frühen Neuzeit. In: Rainer Gebhardt (Hg.), Visier- und Rechenbücher der frühen Neuzeit [...] (Schriften des Adam-Ries-Bundes Annaberg-Buchholz 19). Annaberg-Buchholz 2008, S. 1–36.

Franke, Konrad:
Zacharias Conrad von Uffenbach als Handschriftensammler. Ein Beitrag zur Kulturgeschichte des 18. Jahrhunderts. Diss. Würzburg 1964. Abgedruckt in: Börsenblatt für den Deutschen Buchandel 51, 29. Juni 1965, Sp. 1235–1338.

Frost, Reinhard:
[Art.] Patiens, Petrus. In: Frankfurter Biographie 2 (1996), S. 127.

Fürbeth, Frank:
Sachordnungen mittelalterlicher Bibliotheken als Rekonstruktionshilfe. In: Andrea Rapp u. Michael Embach (Hgg.), Rekonstruktion und Erschließung mittelalterlicher Bibliotheken. Neue Formen der Handschriftenpräsentation (Beiträge zu den Historischen Kulturwissenschaften 1). Berlin 2008, S. 87–103.

Fürbeth, Frank:
Literatur in Frankfurter Privatbibliotheken des 15. und 16. Jahrhunderts. In: Robert Seidel u. Regina Toepfer (Hgg.), Frankfurt im Schnittpunkt der Diskurse. Strategien und Institutionen literarischer Kommunikation im späten Mittelalter und in der frühen Neuzeit (Zeitsprünge. Schriften des Frankfurter Zentrums zur Erforschung der Frühen Neuzeit 14, 1/2). Frankfurt a. M. 2010, S. 54–80.

Fürbeth, Frank:
Privater Buchbesitz in Frankfurt vom Spätmittelalter bis zu Zacharias Conrad von Uffenbach. In: Zacharias Conrad von Uffenbach. Büchersammler und Polyhistor in der Gelehrtenkultur um 1700. Hrsg. von Markus Friedrich und Monika E. Müller, Berlin u. Boston 2020, S. 93–123.

Hansert, Andreas:
Geburtsaristokratie in Frankfurt am Main. Geschichte des reichsstädtischen Patriziats. Wien, Köln, Weimar 2014.

Hansert, Andreas [u.a.]:
„Aus Auffrichtiger Lieb Vor Franckfurt“. Patriziat im alten Frankfurt. Ausstellungskatalog. Hrsg. von der Cronstett- und Hynspergischen Evangelischen Stiftung und dem Historischen Museum Frankfurt. Frankfurt a. M. 2000.

Hansert, Andreas u. Herbert Stoyan:
Frankfurter Patrizier. Erlangen 2012.

Jahns, Sigrid:
Frankfurt, Reformation und Schmalkaldischer Bund. Die Reformations-, Reichs- und Bündnispolitik der Reichsstadt Frankfurt am Main 1525–1536 (Studien zur Frankfurter Geschichte, Heft 9). Frankfurt am Main 1976.

Jung, Rudolf:
[Art.] Uffenbach, Zacharias Konrad von. In: Allgemeine Deutsche Biographie. Bd. 39 (1895), S. 135–137.

Kallmorgen, Wilhelm:
Siebenhundert Jahre Heilkunde in Frankfurt am Main. Frankfurt a. M. 1936.

Kaufmann, Thomas:
Geschichte der Reformation. Frankfurt a. M., Leipzig 2009.

Kepler, Johannes:
Nova Stereometria Doliorum Vinariorum. Linz: Johann Planck, 1615 (VD 17: 23:297684M).
Übersetzt von R. Klug, Neue Stereometrie der Fässer, besonders der in der Form am meisten geeigneten österreichischen und Gebrauch der kubischen Visierrute: mit einer Ergänzung zur Stereometrie des Archimedes (Ostwald's Klassiker der exakten Wissenschaften 165). Leipzig 1908.

Kepler, Johannes:
Außzug auß der Uralten MesseKunst Archimedis Und deroselben newlich in Latein außgangener Ergentzung / betreffend Rechnung der Cörperlichen Figuren / holen Gefessen und Weinfässer / sonderlich deß Oesterreichischen / so under allen anderen den artigisten Schick hat: Erklärung unnd bestättigung der Oesterreichischen

WeinvisierRuthen / und deroselben sonderbaren gantz leichten und behenden Gebrauchs an den Landfässern. Linz: Johann Planck, 1616 (VD 17: 39:124695N).

Kiefer, Karl:
Die Familie Beyer, die Dr. Beyer'sche Stiftung und die Nachkommen der fünf Erbstämme. In: Frankfurter Blätter für Familiengeschichte 3 (1910), S. 113–115.

Koch, Rainer:
1612–1616. Der Fettmilchaufstand. Sozialer Sprengstoff für die Bürgerschaft. In: Archiv für Frankfurts Geschichte und Kunst 63 (1997), S. 59–79.

Körner, Hans u. Andreas Hansert:
Frankfurter Patrizier. Historisch-Genealogisches Handbuch der Adeligen Ganerbschaft des Hauses Alten-Limpurg zu Frankfurt am Main. Von Hans Körner, neubearbeitet und fortgesetzt durch Andreas Hansert. Neustadt/Aisch 2003.

Leibowitz, Grete:
Die Visierkunst im Mittelalter. Diss. (masch.) Heidelberg 1933.

von Lersner, Achilles August:
Der Weit-berühmten freyen Reichs-, Wahl- und Handels-Stadt Frankfurth am Mayn Chronica [...] Frankfurt a. M. 1706.

von Lersner, Achilles August:
Nachgehohlte, vermehrte, und continuirte Chronica der Weitberühmten freyen Reichs-, Wahl- und Handels-Stadt Frankfurth am Mayn. Zweyter Theil [...] Hrsg. von Georg August von Lersner. Frankfurt a. M. 1734.

Lorey, Wilhelm:
[Art.] Beyer, Johann Hartmann. In: Neue Deutsche Biographie 2 (1955), S. 204.

Matthäus, Michael:
„Wir, die Bürgermeister, Schöffen unnd Rath zu Franckfurt ..“ Das Frankfurter Bürgermeisteramt in reichsstädtischer Zeit 1311–1806. In: Evelyn Brockhoff u. Lutz Becht (Hgg.), Frankfurter Stadtoberhäupter. Vom 14. Jahrhundert bis 1946 (Archiv für Frankfurts Geschichte und Kunst 73). Frankfurt a. M. 2012, S. 9–62.

Nathusius-Neinstedt, Heinrich:
Die beiden ältesten Kataloge der Stadtbibliothek. In: Friedrich Clemens Ebrard (Hg.), Die Stadtbibliothek in Frankfurt am Main. Frankfurt a. M. 1896, S. 137–153.

Nebbiai-Dalla Guarda, Donatella:
Classifications et classements. In: André Vernet (Hg.), Histoire des bibliothèques françaises. Les bibliothèques médiévales du Ve siècle à 1530. Paris 1989, S. 373–393.

Ohly, Kurt u. Vera Sack:
Inkunabelkatalog der Stadt- und Universitätsbibliothek und anderer öffentlicher Sammlungen in Frankfurt am Main (Kataloge der Stadt- und Universitätsbibliothek Frankfurt am Main 1). Frankfurt a. M. 1967.

Patiens, Petrus:
Historia Mag. Hartmann Beyers / selingen / weylandt Euangelischen Predicanten zu Franckfort am Mayn / wie es vmb sein gantzes Leben vnd Wesen gethan [...] Vor diser zeit in Latein beschriben / durch Petrum Patientem / Euangelischen Predicanten daselbßt / vnd nun durch denselben auch verteutsch / vnd gemehret. Frankfurt a. M.: Paul Reffeler, 1578 (VD16 G 672).

Powitz, Gerhardt:
Von der Ratsbücherei zur Stadtbibliothek 1484–1668. In: Bibliotheca Publica Francofurtensis. Fünfhundert Jahre Stadt- und Universitätsbibliothek Frankfurt am Main. Hrsg. v. Klaus-Dieter Lehmann. Bd. 1. Frankfurt a. M. 1984, S. 13–55.

Powitz, Gerhardt:
Die Bibliothek des Franziskanerklosters in Frankfurt am Main. Kirchliches und städtisches Bibliothekswesen im Übergang vom Mittelalter zur Neuzeit (Frankfurter Bibliotheksschriften 5). Frankfurt a. M. 1997.

Powitz, Gerhardt:
Die Bibliothek des Frankfurter Juristen Ludwig von Marburg zum Paradies. Eine Büchersammlung aus der Frühzeit des Buchdrucks. Archiv für Geschichte des Buchwesens 51 (1999), S. 333–369.

Powitz, Gerhardt u. Hager, Jutta:
Die neueren Handschriften der Gruppe Manuscripta Latina. Teil 1 (Kataloge der Stadt- und Universitätbibliothek Frankfurt am Main 6). Frankfurt a. M. 1988.

von Schade, Herwarth:
Joachim Westphal und Peter Braubach. Briefwechsel zwischen dem Hamburger Hauptpastor Joachim Westphal, seinem Drucker-Verlger Peter Braubach und ihrem Freund Hartmann Beyer in Frankfurt am Main über die Lage der Kirche und die Verbreitung von Büchern (Arbeiten zur Kirchengeschichte Hamburgs 15). Hamburg 1981.

Schäufele, Wolf-Friedrich:
Johannes Calvin und die reformierten Flüchtlingsgemeinden in Frankfurt am Main. In: Jahrbuch der Hessischen Kirchengeschichtlichen Vereinigung 61 (2010), S. 15–34.

Schindling, Anton:
Humanismus und städtische Eliten in der Reichsstadt Frankfurt am Main. In: Humanismus und höfisch-städtische Eliten im 16. Jahrhundert. Hrsg. v. Klaus Malettke u. Jürgen Voss (Pariser Historische Studien 27). Bonn 1989, S. 211–220.

Špotáková, Dagmara:
Johann Hartmann Beyer, seine Visier-Kunst und Sprache. In: Arithmetik, Geometrie und Algebra in der frühen Neuzeit. Hrsg. von Rainer Gebhardt (Schriften des Adam-Ries-Bundes Annaberg-Buchholz 23). Annaberg-Buchholz: Adam-Ries-Bund 2014, S. 157–166.

Steitz, Georg Eduard:
Der lutherische Prädikant Hartmann Beyer. Ein Zeitbild aus Frankfurts Kirchengeschichte im Jahrhundert der Reformation. Frankfurt a. M. 1852.

Stricker, Wilhelm Friedrich Karl:
Die Geschichte der Heilkunde und der verwandten Wissenschaften in der Stadt Frankfurt am Main. Frankfurt a. M. 1847.

Traut, Hermann:
Dr. Adolf von Glauburg und seine Bibliothek. In: Festgabe für Friedrich Clemens Ebrard zur Vollendung seines 70. Lebensjahres am 26. Juni 1920 gewidmet von seinen Freunden. Frankfurt a. M. 1920, S. 1–34.

Weimann, Birgitt:
Die mittelalterlichen Handschriften der Gruppe Manuscripta Germanica (Kataloge der Stadt- und Universitätbibliothek Frankfurt am Main 5). Frankfurt a. M. 1980.

Wenzel, Werner:
Die Stadtbibliothek. 1668–1884. In: Bibliotheca Publica Francofurtensis. Fünfhundert Jahre Stadt- und Universitätsbibliothek Frankfurt am Main. Hrsg. v. Klaus-Dieter Lehmann. Bd. 1. Frankfurt a. M. 1984, S. 57–117.

Wirth, Bernhard:
„Dises Püechl verehre Ich ...“ Wer las, wer besaß Frankfurter Drucke des 16. Jahrhunderts? In: Robert Seidel u. Regina Toepfer (Hgg.), Frankfurt im Schnittpunkt der Diskurse. Strategien und Institutionen literarischer Kommunikation im späten Mittelalter und in der frühen Neuzeit (Zeitsprünge. Schriften des Frankfurter Zentrums zur Erforschung der Frühen Neuzeit 14, 1/2). Frankfurt a. M. 2010, S. 81–94.

Wittmann, Reinhard:
Geschichte des deutschen Buchhandels. 4. akt. u. erw. Auflage München 2019.

Worstbrock, Franz-Josef:
Hartmann Schedels Index librorum. Wissenschaftssystem und Humanismus um 1500. In: Johannes Helmrath u. a. (Hgg.), Studien zum 15. Jahrhundert. Festschrift für Erich Meuthen. München 1994, S. 697–715.

Zitter, Miriam:
Ansichten eines Studenten. Der Briefwechsel des Johann Hartmann Beyer (1563–1625). In: Ars und Scientia im Mittelalter und der Frühen Neuzeit. Ergebnisse interdisziplinärer Forschung. Georg Wieland zum 65. Geburtstag. Hrsg. von Cora Dietl und Dörte Helschinger. Tübingen [u. a.] 2002, S. 283–301.

Zülch, Walter Karl u. Gustav Mori:
Frankfurter Urkundenbuch zur Frühgeschichte des Buchdrucks. Aus den Akten des Frankfurter Stadtarchivs zusammengestellt und herausgegeben. Frankfurt a. M. 1920.

IV: Abbildungen

Alle Abbildungen aus dem Inventar Beyers, seinen Büchern und Materialien sowie zu seiner Biographie werden gedruckt mit der freundlichen Genehmigung der Universitätsbibliothek Johann Christian Senckenberg Frankfurt a. M. und des Instituts für Stadtgeschichte Frankfurt a. M.
Für die Erlaubnis zum Abdruck der weiteren Abbildungen danke ich folgenden Institutionen:
Herzog August Bibliothek Wolfenbüttel (S. 20)
Staats- und Universitätsbibliothek Hamburg (S. 23)
Dr. Senckenbergische Stiftung Frankfurt a. M. (S. 37)
Historisches Museum Frankfurt a. M. (S. 132; Foto: Horst Ziegenfusz).